Gempachi Mitsukuri

Englisch-niederländische Unionsbestrebungen im Zeitalter Cromwells

Gempachi Mitsukuri

Englisch-niederländische Unionsbestrebungen im Zeitalter Cromwells

ISBN/EAN: 9783743489912

Hergestellt in Europa, USA, Kanada, Australien, Japan

Cover: Foto ©ninafisch / pixelio.de

Manufactured and distributed by brebook publishing software (www.brebook.com)

Gempachi Mitsukuri

Englisch-niederländische Unionsbestrebungen im Zeitalter

Cromwells

ENGLISCH-NIEDERLÄNDISCHE

UNIONSBESTREBUNGEN

IM ZEITALTER CROMWELLS

VON

GEMPACHI MITSUKURI

DR. PHIL., RIGAKUSHI,
AUS JAPAN.

TÜBINGEN 1891
DRUCK VON HEINRICH LAUPP JR.

Frau Professor E. Diestel

in Dankbarkeit und Verehrung

gewidmet

vom Verfasser.

Vorwort.

Auf den folgenden Blättern veröffentliche ich die Ergebnisse von Studien, die ich während meines bisherigen Aufenthalts in Deutschland mit Vorliebe betrieben habe. Etwaige Mängel in der Art des Vortrags meiner Resultate werden dem Ausländer hoffentlich verziehen werden.

Tübingen, im Januar 1891.

Dr. **G. Mitsukuri** aus Tokio.

Der Versuch, welcher in der Mitte des siebzehnten Jahrhunderts gemacht wurde, England und die Niederlande in einen engen Bundesstaat zu verschmelzen, ist von den Historikern vielfach erwähnt worden. Jedoch hat bis jetzt noch Niemand die Natur dieser Union oder Koalition, wie sie genannt wurde, ihren Zusammenhang mit dem damaligen Verhältnisse zwischen den beiden Nationen, sowie die eigentliche Idee, die ihr unterlag, und deren Beziehung zu der allgemeinen Tendenz der Zeit, näher untersucht. Dies zu erforschen von der Zeit der ersten Entstehung der Idee bis zu deren Aufgeben, war mein Ziel.

England und die Niederlande entwickelten durch die Aehnlichkeit des Charakters ihrer Völker, sowie durch diejenige der geographischen Lage schon frühzeitig ähnliche Triebe und Interessen. Beide kämpften mit wunderbarer Zähigkeit gegen religiöse und politische Tyrannei und es gelang ihnen sich glücklich gegen dieselbe zu behaupten, was naturgemäss gegenseitige Achtung und Sympathie hervorrief. Andererseits mussten die beiden unternehmenden Völker wegen ihrer gleichen grossartigen Handels- und Kolonialpolitik in unvermeidliche Konkurrenz geraten, welche wiederum lebhaften Neid und Hass zwischen ihnen verursachte. Nun wollten die Urheber der Koalitionsidee dieser Rivalität ein Ende machen, und vielmehr die Kraft beider Nationen zu gemeinsamem Aufschwung vereinigen, indem sie durch Koalition aus ihnen einen einzigen grossen Staat zu bilden suchten. Aber die Selbständigkeitstriebe und die Eifersucht beider Teile waren doch zu stark, und so scheiterte dieser grossartige Plan.

Der erste grosse Bündnisvertrag zwischen England und den Niederlanden wurde im Jahre 1496 geschlossen, als Perkin Warbeck, ein flämischer Schwindler, sich für den ermordeten Herzog Richard von York ausgab und versuchte, sich mit Hilfe der verwittweten Margareta von Burgund dem König Heinrich VII. von England entgegenzustellen. In diesem Vertrage versprach Philipp der Schöne, der damalige Beherrscher der Niederlande, den Aufenthalt Warbecks und seiner Anhänger in den Niederlanden nicht dulden zu wollen. Die englischen Tücher sollten in den Niederlanden zollfrei eingeführt werden, dagegen die Holländer [1]) und Seeländer vollständige Freiheit in Handel, Schiffahrt und Fischerei in den englischen Gewässern haben. Die gestrandeten Schiffe nebst ihrem Inhalte sollten den richtigen Besitzern zurückgegeben werden [2]).

Als fast ein Jahrhundert später die religiöse Verfolgung von Seiten Philipps II. immer strenger wurde, fanden viele niederländische Flüchtlinge allgemeine Sympathie und freundliche Aufnahme in England.

Während des Befreiungskrieges der Provinzen ging eine grosse Zahl von englischen Freiwilligen hinüber, um die Eingeborenen in der Verteidigung ihrer religiösen und politischen Freiheiten mit ihren Waffen zu unterstützen; die Londoner Kaufleute schickten dem Prinzen Wilhelm I. von Oranien eine bedeutende Summe aus ihren eigenen Mitteln. Englische Abenteurer hissten die niederländische Flagge auf ihren Schiffen und vereinigten sich mit den niederländischen Kapern, die spanischen Kauffahrteischiffe zu plündern.

Auch auf der niederländischen Seite betrachtete man England als den nächsten und natürlichsten Retter. Kurz nachdem Holland und Seeland sich formell vom Könige von Spanien losgesagt hatten, wandten sie sich an die Königin Elisabeth und boten ihr

---

1) Mit Holland und Holländer bezeichne ich durchweg in dieser Arbeit nur die Provinz Holland und deren Einwohner, nie die ganzen Niederlande.
2) *Wagenaar*, Vaderlandsche Historie. Amsterdam 1752. IV. Deel, S. 302—303.
— *N. G. van Kampen*, Geschichte der Niederlande. Hamburg 1831. Band I, S. 262.

die Souveränität über die beiden Provinzen unter gewissen Bedingungen an. Die Königin fühlte es allerdings als ihre Pflicht, als der mächtigste protestantische Souverän, die Niederlande zu unterstützen; allein sie fürchtete zu sehr einen Bruch mit Spanien. Sie erkannte auch klar, dass es gegen das Interesse von England wäre, zu dulden, dass die Niederlande wieder unter spanische Herrschaft gebracht oder von Frankreich unterworfen würden; doch war sie selbst zu ökonomisch in ihrer Verwaltung, um den Provinzen bedeutende materielle Hilfe zu leisten. Ebenso kokettierend in ihrer Politik, wie in ihrem Privatleben, wies sie das Anerbieten der Souveränität zurück und gab den niederländischen Gesandten eine nur undeutliche Antwort und viele leere Versprechungen [1]).

Als aber die Beziehungen zwischen ihr und Philipp immer gespannter wurden, musste sie schliesslich einen entschiedenen Schritt thun. Sie schickte im Jahre 1585 ihren Günstling Robert Dudley, Grafen von Leicester, mit fünftausend Mann Fusstruppen und tausend Reitern nach den Niederlanden, höchst wahrscheinlich in der Absicht, sich eventuell der ganzen Regierungsgewalt zu versichern. Sie liess Vlissingen, Rammekens und Briel als ihr Pfand mit englischen Truppen besetzen. Sie forderte, dass der Graf von Leicester, welchen die niederländischen Generalstaaten zum allgemeinen Statthalter ernannt hatten, ebenso wie die Befehlshaber der drei Pfandstädte und noch zwei andere Engländer ständige Mitglieder des Staatsrates, eines Körpers, der die Macht über die Militärangelegenheiten hatte, sein sollten. Leicester versuchte, die demokratische Partei gegen die kleine Zahl der Aristokratie, welche den wahren Souverän des Landes bildete, aufzuhetzen, um dadurch noch höhere Macht zu gewinnen. Aber die letztere war doch zu stark und sein Versuch hatte nur Verwirrung und Zwiespalt zur Folge. Auch verursachte er durch

---

1) *J. Motley*, The Rise of the Dutch Republic. Leipzig 1858, Vol. II, S. 523—525. — *Wagenaar*, Vaderland. Hist. VII. D., S. 83—86. — *W. Bilderdyk*, Geschiednis des Vaderlands. Amsterdam 1835. — *Meteren*, L'Histoire des Pays-Bas. Haag 1618.

seine ungeschickte Kriegsführung gegen die Spanier grosse Verluste. Endlich musste er, an jeglichem Erfolge verzweifelnd, das Land verlassen, welchem er nichts Gutes hatte verschaffen können. Hiermit endete die Möglichkeit einer Unterwerfung der Niederlande unter England; aber die freundlichen Beziehungen waren dadurch nicht abgebrochen. Noch blieben die Pfandstädte in englischem Besitze bis zur Zeit von König Jakob I. (1616) [1]), und die englischen Gesandten hatten bis 1628 das Recht, der Versammlung der Generalstaaten beizuwohnen [2]).

Als Philipp gegen England die ›unüberwindliche Flotte‹ rüstete, kamen die Niederlande dem Hilferuf Elisabeths bereitwillig entgegen. Sie stellten ihr zwanzig Kriegsschiffe zur Verfügung, um gegen die Hauptflotte des spanischen Königs zu kämpfen. Ueberdies sperrten sie mit neunzig Schiffen den Hafen von Dünkirchen und hinderten den Herzog von Parma, sich mit der Hauptflotte zu vereinigen [3]). Man fühlte, dass die Eroberung von England auch die Unterwerfung der Niederlande zur Folge haben müsse. Es geschah aus dem Instinkte der Selbstverteidigung, dass die Niederländer England einen so grossen Dienst leisteten, dessen Königin sich noch vor kurzem in so störender Weise in die Regierung des Landes eingemischt hatte. Ihr Verdienst blieb auch nicht unbelohnt. Die Vernichtung der ›unüberwindlichen Flotte‹ brach die Kraft Spaniens. Die Niederlande waren schon dadurch thatsächlich befreit. Man verjagte bald die Spanier aus den sieben Provinzen und hatte keine ernste Gefahr mehr von ihnen zu fürchten.

Nun entwickelte sich die kleine Republik durch den Fleiss, die Geduld und den Unternehmungsgeist ihres Volkes schnell zum reichsten und blühendsten Staat Europas. In fast allen Zweigen des Gewerbes übertrafen die Niederländer alle andern

---

1) *Wagenaar*, Vaderl. Hist. X. D., S. 101—105.
2) *Clarendon*, History of the Rebellion and Civil War in England. Oxford, 1826. Vol. I., S. 115. — *Wagenaar*, XI. D., S. 56—57.
3) *Kampen*, Gesch. d. Niederl. Bd. I., S. 508—512. — *Wagenaar*, Vaderl. Hist. VIII. D., S. 283—288.

Nationen[1]). Sie waren die bedeutendsten und geschicktesten Schiffbauer. Sie hatten die Frachtfahrt von ganz Europa in den Händen, man nannte sie die Fuhrleute desselben[2]). Ihre Fischerei an den brittischen und norwegischen Küsten wurde mit zwanzigtausend Schiffen betrieben[3]). Die Provinz Holland allein hatte daraus eine Einnahme von etwa acht Millionen Gulden[4]). Ihr Handel wurde Welthandel. Sie drängten Spanier, Portugiesen, Hansestädter und alle andern Nebenbuhler in Europa, sowie ausserhalb desselben vollständig auf die Seite. Durch die Entdeckungen und Eroberungen gewannen sie bald erstaunlich grossen Kolonialbesitz, welcher die unerschöpfliche Quelle ihres Reichtums bildete. Ihre ostindische Kompagnie besass im Jahre 1616 fünfundvierzig Linienschiffe und etwa fünfzehntausend Mann Soldaten, Matrosen und Schiffsvolk. Die Dividenden stiegen in den ersten einundzwanzig Jahren ihres Bestehens zusammen bis auf 425 Prozent, was, wenn man den Fond der Kompagnie auf sechs und eine halbe Million schätzt, eine Summe von 27,625,000 fl. ausmacht[5]).

Die Engländer waren zwar ein ebenso fleissiges und unternehmendes Volk, so dass die Niederländer in ihnen sehr gefährliche Nebenbuhler erkannten; aber trotzdem waren sie im Anfange des siebzehnten Jahrhunderts in allen ihren Betrieben noch weit zurück. Das erste Gebiet, auf welchem die Engländer mit den Niederländern wetteiferten, war die Fischerei an ihrer eigenen Küste. Hier beschäftigten sich aus Holland allein 3000 Schiffe und 50000 Männer hauptsächlich mit Heringsfischerei[6]). Sie verdrängten im Anfange des siebzehnten Jahrhunderts die Eingeborenen so weit, dass die Zahl der englischen Fischer jährlich

---

1) *A. Lüder*, Geschichte des holländischen Handels. Leipzig 1788, S. 167—170.
2) Ibid., S. 179.
3) True Interests and Maxims of the Republik of Holland and Westfriesland, by John de Witt and Other Great Men. London 1702, S. 27.
4) *S. Muller*, Mare Clausum, Bijdrage tot de Geschiednis der Rivaliteit van Engeland en Nederlanden in Zeventiende Eeuw. Amsterdam 1872, S. 43.
5) *Lüder*, Gesch. d. holl. Handels, S. 122—123.
6) True Interests and Maxims, S. 29.

abnahm, die englische Schifffahrt sich allmählich verminderte, und die englischen Küstenorte mehr und mehr herabsanken [1]). In Grönland, wo die Engländer früher den Walfischfang monopolisiert hatten, erschienen die Niederländer auch als Nebenbuhler und behaupteten dort ihre Stellung trotz dem feindseligen Betragen seitens der Engländer. Andererseits versuchten die letzteren vergeblich in Tuchfabrikation, besonders in Tuchfärbung mit den Niederländern zu konkurrieren.

Schon mit dem Ende des 16. Jahrhunderts hatte man in England im Gebiete der Fischerei, später auch in anderen Gebieten versucht, auf die Ueberlegenheit der Niederländer die öffentliche Aufmerksamkeit zu lenken und für Massregeln, zur Beseitigung oder Beschränkung derselben, agitiert, wie es von Seiten Hitchcocks, Keymers, Welwods, Sir Walter Raleighs und anderer geschah. Diese Agitation fand bei den beiden Königen Jakob I. und Karl I. Gehör. Sie versuchten verschiedene Massregeln durchzuführen und waren darüber in beständigen Verhandlungen mit den Generalstaaten, jedoch mit wenigen thatsächlichen Erfolgen.

In Ostindien war die Konkurrenz zwischen den beiden Völkern am schärfsten. Die Niederländer wunschten natürlich die mit so viel Mühe den Spaniern und Portugiesen entrissene Handelsstellung festzuhalten, ja überhaupt den ganzen ostindischen Handel zu monopolisieren. Hierin waren jetzt die Engländer die stärksten und gefährlichsten Nebenbuhler. Hass und Neid zwischen den Kaufleuten beider Nationen erreichten deshalb einen ausserordentlich hohen Grad. Wer in diesem Streite mehr Recht hatte, ist sehr schwer zu sagen, da von den englischen und

---

1) Die Proklamation von König Jacob, im Anhang von *Mullers* Mare Clausum: » . . . . . . zulcx dat onse ondersaten (. . . . .) gedwongen werden haer vischen te verlaeten, ofte ten minsten daerinne soe gediscouragiert werden, datse voor haer beter achten haer seluen te begeuen, tot een ander maniere van leuen, waer door nijet alleenlijck verscheijden van onse Cust Steden zeer gedeclineert sijn, maer oock t'getal van de zeeuarende luijden dagelycx vermindert, twelck een saeck is van groote consequentie voor onsen Staet, geconsidereert, hoe wel die cracht vandien bestaet in de macht van Schepen, ende t'gebruijck van de nauigatie.

niederländischen Schriftstellern jeder seine eigene Nation zu rechtfertigen und der andern alle Schuld zuzuschreiben sucht. Soviel ist sicher, dass jedes der beiden Völker in gleicher Weise die Eingeborenen gegen das andere hetzte.

Der erste öffentliche Anstoss fand im Jahre 1618 in Jakatra in Java, dem heutigen Batavia, statt. Der Oberbefehlshaber der niederländisch-ostindischen Kompagnie, Jan Pieterzoon Koen, setzte nämlich die Stadt in Brand, wobei er auch das englische Magazin vernichten liess [1]).

Während die zwei Staaten zu Hause freundliche Bundesgenossen blieben, waren ihre ostindischen Kompagnien, bis zum Jahre 1619, in einem offenen Kriege begriffen. Am 2ten Juni dieses Jahres wurde zwischen den beiden Kompagnien nicht allein Friede, sondern auch ein Bündnisvertrag gegen die spanischen und portugiesischen Kaufleute geschlossen. Es sollte in Bantam ein Kriegsrat von acht aus beiden Nationen gewählten Personen residieren und jede Kompagnie zehn Kriegsschiffe zu gemeinsamer Verteidigung unterhalten. Die Engländer sollten den dritten Teil des Gewürzhandels von den Molukken erhalten, jedoch nur zu gleichem Preise, wie die Niederländer verkaufen [2]).

Dieser Vertrag, welcher für die niederländische Kompagnie sehr vorteilhaft war, dauerte jedoch nicht lange. Die Engländer hetzten die Eingeborenen gegen die Niederländer auf, welche sofort zu gewaltthätiger Verletzung des Vertrages schritten. Im Jahre 1621 griffen sie die englischen Warenlager in Banda an und plünderten dieselben rein aus. Dem folgte die Vertreibung der Engländer aus Poleroon, Lanthore und allen um Banda liegenden Inseln [3]). Im Februar 1623 fand eine Gewaltthat in Amboina statt, welche an Grausamkeit alle andern übertraf. Ein japanischer Soldat wurde infolge seiner allzugrossen Neugier, über die

---

1) *Lüder*, S. 119—120. — *N. G. van Kampen*, Geschiednis der Nederlanders buiten Europa. Haarlem 1831, Bd. I. S. 231—232.

2) *Lüder*, S. 126—127. — *Wagenaar*, Bd. X., S. 393—394. — *Kampen*, Geschiednis, Bd. I, S. 258—259. — Verbaal van de Ambassade van Aerssen, Joachimi, en Burmania naar Engeland. Utrecht 1867, Bd. I., S. 61—67.

3) *Lüder*, S. 127.

Stärke der niederländischen Festung Kenntnis zu bekommen, verhaftet und musste auf der Folterbank gestehen, dass er und elf andere Japaner von den Engländern beauftragt wären, den niederländischen Befehlshaber II. van Speult zu ermorden und sich der Festung zu bemächtigen. Man nahm alle dort wohnenden Engländer und Japaner gefangen und erpresste von ihnen durch fürchterliche Folterqualen das Geständnis. Sie wurden mit Ausnahme von sieben Engländern alle sofort hingerichtet [1]).

Die Nachricht von diesen Gewaltthaten, besonders vom »Amboina-Mord« erregten in England allgemeine Entrüstung und es wurde darüber bittere Klage vor den Generalstaaten geführt, aber die Sache zog sich in die Länge und blieb unentschieden. Im Jahre 1632 war der Ausgleich zwischen den beiden Kompagnien schon teilweise zustande gekommen und Poleroon der englischen Kompagnie zugesprochen. Aber bevor das englische Schiff dort ankam, um das Land in Besitz zu nehmen, hatten die Niederländer alle Muskatnussbäume, sowie alle anderen Fruchtbäume, die den eigentlichen Reichtum der Insel bildeten, zerstört [2]). Wegen der zunehmenden Streitigkeiten des Königs mit dem Parlament konnte die englische Regierung die Sache nicht weiter verfolgen, und erst in der Zeit der Republik wurde sie wieder aufgenommen und zeigte sich als grosses Hindernis gegen den Friedensschluss.

Trotz aller dieser aus Handelsrivalität entstandenen Streitigkeiten bestand immerhin unter den beiden Völkern innige gegen-

---

1) *Harwey*, Geschichte der Schiffahrt und Seemacht Grossbritanniens. Deutsche Uebersetzg. Leipzig (1749) Bd. I. S. 588. — *Wagenaar*, X, S, 11—12. — *Lüder*, S. 128—129. — *Aitzema*, II., S. 356, 360 - 373. — *Kampen*, Geschiednis Bd. I., S. 279—281. Der letztere sagt: De *Hollandsche* Schrijvers, die dit geval vermelden, en de *Engelschen* voor schuldig houden, erkennen toch zelve, dat het *voorzigtiger* zou geweest zijn, hen met de stukken van het regtsgeding naar *Engeland* ter straf op te zenden. *Wij* mogen zeggen, dat het, uit hoofde der pijnbank, die alles kon doen bekennen, wat men wilde, onmogelijk is over hunne schuld of onschuld te oordeelen.

2) *L. Aitzema*, Saken van Staet en Oorlogh in ende omtrennt de Vereenigde Nederlanden. Haag 1669, II. D., S. 602—603.

seitige Sympathie und das Gefühl, dass sie gleiche Interessen gegen gemeinsame Feinde zu verteidigen hatten. Die Engländer betrachteten die Niederländer als ein ideales Volk, das stets nach dem gleichen Ziel wie sie selbst strebte, das sich gegen den mächtigsten katholischen König zu empören gewagt und sich schliesslich von dessen Tyrannei und Intoleranz befreit hatte. Sie konnten trotz ihres Rivalisierens nicht umhin, den Fleiss und Unternehmungsgeist zu bewundern, durch welchen die Niederländer sich im Handel und in der Schiffahrt, die auch ihre eigene Hauptbeschäftigung bildeten, auszeichneten. Deshalb war die kalte Haltung der stuartischen Könige gegen die Niederlande unter dem englischen Volk immer sehr unpopulär, vielmehr wünschte es mit denselben gemeinsame Sache zu machen.

Andererseits war diese Sympathie auch unter den Niederländern vorhanden. Sie offenbarte sich deutlich, als die Streitigkeiten zwischen dem König und dem Volk immer heftiger wurden. Das allgemeine Mitleid war auf der Seite der schottischen Kovenanten und der englischen Puritaner. Infolge der Gleichgültigkeit Karls I. gegenüber dem grossen protestantischen Kampf auf dem Kontinent, seines früheren Versuches, die Hand der spanischen Infantin zu erwerben, und dazu des streng katholischen Eifers der Königin Henriette, den sie während ihres Besuches im Haag offenbarte, fand das schon unter den Engländern verbreitete Gerücht, dass der König seine Religion zu ändern und nochmals den Katholizismus in England einzuführen trachte, bei den Niederländern leicht Glauben. Andererseits wussten sie genug von der strengen Frömmigkeit, der sittlichen Reinheit und dem festen Willen der Puritaner, da viele von deren Predigern und Glaubensgenossen als Flüchtlinge nach den Niederlanden übergegangen waren. Es war also für die Niederländer sehr natürlich, diesen Streit zwischen der Krone und dem Volk in England mit ihrem eigenen Aufstand gegen Spanien zu vergleichen. Nicht ohne Recht: denn beide waren Kämpfe um die religiösen und politischen Freiheiten, gegen Intoleranz und Absolutismus. Diese Sympathie war in Holland und Seeland am meisten verbreitet. Man schickte sogar den Schotten insgeheim Waffen. Man veröffentlichte Schriften, worin die Stellung des Parlaments entschieden verteidigt wurde. Der König Karl rächte sich dafür durch Repressalien, wodurch viele niederländische Schiffe konfisziert wurden, was auch nicht gerade geeignet war, die Gesinnung der Niederländer gegen ihn freundlicher zu machen [1]).

In den Niederlanden waren zwei entgegengesetzte Parteien, die aristokratische und die oranische. Die erstere wünschte ihre alte oligarchische Regierungsform festzuhalten gegen Fürstenherrschaft, sowie gegen Demokratie. Sie stellte die allerdings geschichtlich begründete Theorie auf, dass jede Provinz ein Souveränstaat und nicht den Generalstaaten unterworfen sei und dass der Statthalter nur als der Diener der einzelnen Provinz, die ihn ernannt, betrachtet werden dürfe. Diese Partei war am stärksten in der Provinz Holland, welche wegen ihres grösseren Reichtums die Tendenz hatte, auf alle andern Provinzen einen überwiegenden Einfluss auszuüben. Dagegen strebte die oranische Partei nach Zentralisation der Macht in den Generalstaaten und der Statthalterschaft, als deren erbliche Würdenträger sie die Familie Oranien betrachtete. Dieselbe war immer der Abgott der von der Regierung ganz ausgeschlossenen Majorität des Volkes und bildete in der That den Brennpunkt der niederländischen Union. Die Familie war immer kriegerisch gesinnt, da der Krieg ihr am besten Ruhm, Ansehen und Macht zu verschaffen geeignet war. Die aristokratische Partei im Gegenteil erkannte im Frieden ihr Grundprinzip, denn die Grosskapitalisten des Landes waren zumeist auf ihrer Seite und diese wünschten natürlich unbehindertes Gedeihen des Handels, der Fischerei und der Schiffahrt auf Kosten aller anderen Interessen.

Während der Verhandlungen mit Spanien über den Waffenstillstand im Jahre 1608—1609 bemühte sich Prinz Moritz von

---
1) *Aitzema*, Saken, II. D., S. 521.

Oranien, mit der allgemeinen Sympathie des Volkes auf seiner Seite, den Krieg fortzusetzen. Aber die aristokratische Partei mit Oldenbarneveldt an der Spitze widerstrebte dem und führte den Waffenstillstand doch durch. Moritz benützte später den Zwiespalt zwischen den Gomaristen und Arminianern, um diesen nunmehr von ihm als Hauptvertreter seiner Gegenpartei erkannten grossen Pensionär von Holland zu stürzen und sogar hinrichten zu lassen (13. Mai 1619). Am Ende des Waffenstillstandes gelang es Moritz, trotz dem Widerstand Hollands, den Krieg wieder aufzunehmen. Während der Friedensverhandlungen mit den spanischen Niederlanden im Jahre 1633 offenbarten die Provinzen Holland, Geldern, Overyssel und Utrecht den Wunsch, den Frieden anzunehmen, aber infolge der Bemühung Moritz's wurde er doch verhindert. Man beschloss sogar ein Offensivbündnis mit Frankreich, und die Niederlande gerieten in einen langjährigen Eroberungskrieg mit Spanien. Allein man fing an, allmählich bitter über die Kriegslast zu klagen. Die Beiträge der Provinzen waren meist im Rückstand. Die Friesen weigerten sich die schwere Steuer zu bezahlen. Ausserdem begann man Frankreich als gefährlichen Nachbar zu betrachten. Durch die äusserste Bemühung Hollands gelang es endlich im Jahre 1648 den Frieden mit Spanien zu Stande zu bringen, trotz der Gegenintrigue des jungen Prinzen Wilhelm.

Als im Jahre 1640 die Statthalterschaften von Friesland, Groningen und Drenthe frei wurden, bemühte sich Prinz Friedrich Heinrich, der Nachfolger Moritz's, aufs äusserste, bei dieser Gelegenheit die Statthalterschaft aller Provinzen in seiner Person zu vereinigen; und es glückte ihm, von den zwei letzteren Ländern gewählt zu werden, die Friesen jedoch ernannten den Grafen Friedrich Wilhelm von Nassau-Dietz. Gleichzeitig verlobte der Prinz seinen Sohn, den späteren Wilhelm II., mit der ältesten Tochter des Königs Karl von England. In dieser Weise strebte das Haus Oranien allmählich nach Macht, während die aristokratische Partei, hauptsächlich in Holland, Schritt für Schritt diesen Plan zu durchkreuzen suchte. Dieser Gegensatz zwischen den beiden niederländischen Parteien bildet in der folgenden Geschichte das wichtigste Moment.

Anfang 1642 beschlossen die Generalstaaten ihren Gesandten in England, Joachimi, zu instruieren, eine freundliche Vermittlung zwischen König und Parlament zu versuchen. Einige provinzielle Deputierte beauftragten dabei unter dem Einflusse des Prinzen Friedrich Heinrich von Oranien, auch Jan Poleander van Heenvliet mitarbeiten zu lassen, welchen der Prinz wegen des Heiratsantrags zwischen seinem Sohne Wilhelm und der Tochter Karls, Maria, vorher nach England geschickt hatte. Aber Holland, welches eine strenge Neutralität zu halten wünschte, misstraute demselben, indem es ihn für eine Kreatur des Prinzen und für zu sehr königsfreundlich hielt, um eine unparteiische Vermittlung von ihm zu erwarten [1]). Aber in dieser Zeit war der Prinz noch nicht so eifriger Vertreter der Sache des Königs, obgleich der letztere viel von ihm erwartet zu haben scheint [2]). In seinem Briefe an Heenvliet, welchem er auftrug, nun in seinem Namen die Vermittlung zu versuchen, offenbarte Friedrich Heinrich eine ganz unparteiische Ansicht über die Streitigkeiten [3]). Er bedauerte das gegenseitige Misstrauen der beiden englischen Parteien, hoffte aber dieselben doch versöhnen zu können. Er wollte dem Könige auch die Bestechung der parlamentarischen Führer empfehlen.

Als die Königin Henriette nach dem Haag kam, um ihre Tochter Maria mit des Prinzen Sohn Wilhelm zu verheiraten, und gleichzeitig Kriegsvorräte für den König zu kaufen, schlug man dem Prinzen vor, noch eine zweite Heirat zu schliessen, nämlich zwischen seiner ältesten Tochter Luise, der späteren Gemahlin des grossen Kurfürsten von Brandenburg, und dem Prinzen

---

1) *Aitzema*, Saken, II. D., S. 813.
2) *Green van Prinsterer*, Archive ou correspondence inédite de la Maison d'Orange-Nassau. Utrecht 1859, II. Serie, Tome IV., S. 2 - 8. *M. de Heenvliet au Prince d'Orange*, 29. Jan 1642.
3) Archive de la Maison d'Orange, II. Serie, Tome IV., S 10—11. *Le Prince d'Orange à M. de Heenvliet*, 1. Febr. 1642.

von Wales, dem späteren König Karl II.¹). Friedrich Heinrich war von diesem Vorschlage ganz eingenommen, er meinte vielleicht durch die Hilfe der Stuarts später seine eigene Hausmacht vergrössern zu können. Von der Zeit an ging er ganz eifrig im Interesse des Königs gegen das Parlament vor und scheute sich sogar nicht, sein Vaterland in einen unnötigen Krieg zu stürzen. Er gab der Königin während ihres Aufenthaltes in den Niederlanden von Zeit zu Zeit eine Geldunterstützung ²); er half ihr ihre Juwelen versetzen, indem er dies unter seinem eigenen Namen ausführen liess, da es sonst schwer hätte geschehen können ³); er besorgte Einkauf und Ausfuhr von Waffen, Munition und Kriegsvorräten, welche mit diesem Gelde erworben wurden, wovon weiter unten; er erlaubte ferner seinen eigenen Offizieren, in den Dienst des Königs zu treten ⁴). Die Königin konnte ihrem Gemahl höchst befriedigt von der Gunst des Prinzen schreiben ⁵).

Schon in der Zeit, wo die Königin noch im Haag verweilte, erschien dort Walter Strickland als der Gesandte des Parlaments und verlangte Audienz bei den Generalstaaten. Diese beschlossen nur so viel, seine Eröffnungen durch zwei Bevollmächtigte anhören zu lassen ⁶). Strickland überreichte ihnen einen schriftlichen Antrag des Parlaments, worin das letztere den Generalstaaten nähere Verbindung anbot und andeutete, welche Vorteile sie daraus ziehen könnten. Es erinnerte sie, dass die Hilfe, welche die Niederlande früher von England bekommen hatten, nicht vom Könige, sondern vom Parlament selbst stammte. Es klagte darüber, dass die »Malignanten«, wie es die Parteinehmer des Königs nannte, Waffen, Munition und andere Kriegsvorräte aus den Niederlanden erhielten. Das Parlament könne nicht annehmen, dass

---

1) *Aitzema*, Saken. II. D., S. 815.
2) Archive de la Maison d'Orange-Nassau, II. Serie, Tome IV., S. 48—49. *Le Prince d'Orange à M. de Heenvliet, 12. Juillet 1642.* — *Aitzema*, II. D. S. 846.
3) Archive. Tome IV. S. 50—51. *M. de Heenvliet au Prince d'Orange, 24. Juillet 1642.* — Ibid. S. 56. *Le Prince d'Orange à M. de Heenvliet, 28. Juillet 1642.*
4) Ibid. S. 56, *La Reine d'Angleterre au Prince d'Orange, 27. Juillet 1642.*
5) *Aitzema*, Saken, II. D., S. 846. Brief der Königin.
6) *Aitzema*, II. D., S. 843. — *Wagenaar*, XI, S. 330.

»die Niederländer, welchen die Engländer bei der Befreiung geholfen hätten, jetzt dieselben zu Sklaven machen helfen und vergessen wollten, dass die Beschwerden und Gefahren der letzteren aus der nämlichen Quelle entstanden wären, wie ihre eigenen« [1]). Also bitte es die Generalstaaten, alle diese Hilfeleistung für die »Malignanten« zu verhindern,

Die Provinz Holland zeigte sich hier als entschiedener Vertreter der Neutralität in dem englischen Zwiespalt. Durch ihre Bemühung gelang es, die Generalstaaten zu einem Beschluss zu bringen, wodurch sie alle Ueberführung von Truppen und Kriegsvorräten streng untersagten [2]). Doch hat dieses Verbot nicht immer praktisch gewirkt. Im nächsten Jahre, 1643, beklagte sich Strickland bei den Generalstaaten schriftlich, dass der Prinz von Oranien die Ausfuhr von Waffen und Munition von Dünkirchen aus nach England begünstige. Der Prinz hielt diese Klage für eine Verläumdung seiner Person und bat die Generalstaaten Genugthuung dafür zu fordern. Die Generalstaaten, in deren Mitte die oranische Partei damals noch sehr stark war, erklärten am 7. Mai 1643, dass die Behauptung von Strickland falsch sei, und dass sie keine Schrift mehr von ihm annehmen werden, bis sie gegen die Sache vor dem Parlament protestiert hätten [3]). Damit brachen die Generalstaaten alle weiteren Verhandlungen mit dem parlamentarischen Gesandten ab.

Die allgemeine Sympathie war trotzdem auf der Seite des Parlaments. Am 10. Juli des nämlichen Jahres sandten die Geistlichen von Seeland mit Beistimmung der provinziellen Stände [4]) den Generalstaaten eine Deputation, um dieselben zu bitten, einen

1) *Clarendon*, History of the Rebellion and Civil War in England. Oxford 1826, Vol. III, S. 354: »therefore they could not think that they would be forwarded to help to make them slaves, who had been so useful and assistant in making them free men, or that they would forget that their troubles and dangers issued from the same fountain with their own«.
2) *Aitzema*, II, S. 844—845.
3) Ibid. II, S. 879—881.
4) Die Provinzialstaaten nenne ich der Abwechselung und Klarheit wegen immer die *provinziellen Stände*, obgleich sie einen anderen Charakter als die deutschen und französischen Stände hatten.

allgemeinen Fast- und Bettag zu bestimmen, »als das beste Mittel, den Zorn Gottes von ihrer gemeinsamen Kirche *und von der bedrohten Kirche von England und Irland im besonderen abzuwenden*« ¹). Gleichzeitig schickten sie an den Covenant von Schottland ein Schreiben, worin sie sein Vorgehen vollkommen billigten und ihn noch darin ermutigten ²).

Als der König und das Parlament in offenem Kriege mit einander waren, befeindeten sich die Schiffer der beiden Parteien durch gegenseitige Plünderung; wenn das in den holländischen und seeländischen Häfen geschah, wo sie wegen Sturm oder Geschäften verweilten, so kam die Sache in die Hände der niederländischen Admiralität, welche sie meistens zu Gunsten der parlamentarischen Partei entschied, trotz des Protests der Generalstaaten.

Früh im Jahre 1644 schickten die Generalstaaten Willem Boreel und Jan van Reede nach England als ihre ausserordentlichen Gesandten, um dort die Vermittlung zwischen dem König und dem Parlament zu versuchen. Aber der parlamentarische Gesandte im Haag, W. Strickland, hatte seinen Auftraggebern vorher mitgeteilt, dass diese zwei Personen Anhänger des Prinzen von Oranien und Königsfreunde wären. Infolge davon musste das Parlament gegen sie starkes Misstrauen hegen und die Verhandlungen scheiterten natürlich ³). Im Mai 1645 kamen die zwei Gesandten nach dem Haag zurück und machten den Generalstaaten einen Bericht über ihre Verhandlungen in England, worin sie das Verfahren des Parlaments in ein sehr ungünstiges Licht stellten ⁴). Das Parlament, welches dies ahnte, schickte Strickland verschiedene Urkunden, um sich durch ihn vor den Generalstaaten zu rechtfertigen. Allein die Audienz, welche ihm seit 1643 immer verweigert worden war, wurde ihm auch jetzt nicht zugestanden, obgleich die Deputierten von Holland, Geldern und Friesland sich sehr dafür verwendeten ⁵). Das Parlament liess nun seine

1) *Aitsema*, II, S. 928—929.
2) Ibid. II, S. 929—931.
3) Ibid. II, S. 983—993. — Ibid. III, S. 35—38.
4) Ibid. III, S. 39-40.
5) Ibid. III, S. 40.

Rechtfertigung gegen den königsfreundlichen Bericht von Borcel und Reede drucken, wodurch es sich die allgemeine Sympathie des niederländischen Volkes zuzog [1]).

Indessen nahm der Eifer Friedrich Heinrichs für den englischen König immer mehr zu, als die Verhandlungen über die zweite Heirat reifer wurden. Endlich ging er so weit, dass er sich bereit erklärte, alle Heiratsbedingungen, welche Karl ihm stellte, zu erfüllen, unter anderem dem Könige Truppen und eine Flotte zu liefern, und ferner die Niederlande mit dem Könige und auch mit Frankreich, wenn diese Macht darauf eingehen würde, in eine Offensiv- und Defensivallianz gegen das Parlament einzuführen [2]). Er versicherte dem Gesandten des Königs, Boswell, seinen Beistand zu gewähren, wenn er von den Generalstaaten verlangen würde, dem Könige die freie Ausfuhr von Kriegsvorräten aus den Niederlanden zu erlauben und ferner Repressalien gegen das Parlament einzuführen. »And then«, sagte der Prinz, »believe me they shall be insensibly engaged in a war.« Zum Unglück für ihn kamen die Urkunden in die Hände des Parlaments, welches die Auszüge aus ihnen unter dem Titel »Digby's Cabinet« drucken liess [3]).

So stand die Sache, als Friedrich Heinrich am 14. März 1647 aus dem Leben schied. Durch die Misserfolge seiner Politik und die eingetretene Schwäche seines Körpers scheint sein Ehrgeiz etwas gedämpft worden zu sein: in seiner letzten Zeit stimmte er in die Vorschläge zum Frieden mit Spanien ein, welcher der heisse Wunsch der aristokratischen Partei war und trotz der Gegenintrigue seines Sohnes am 30ten Januar 1648 in Münster geschlossen wurde [4]).

Sein Nachfolger, Prinz Wilhelm II., war der echte Sohn

---

1) Ibid.
2) Archive de la Maison d'Orange-Nassau, II. Serie, Bd. IV, S. 133: *Note de M. Goffe, 21. Mars 1645.* S. 134: *Note de la part du Prince d'Orange, 22. Mars 1648.*
3) Aitzema, III, S. 104.
4) Archive de la Maison d'Orange-Nassau, II. Serie, Bd. IV, S. 155, *M. de la Thuillerie au Cardinal Mazarin, 11. Juin 1645.*

Oraniens, tapfer, ritterlich, ehrgeizig, talentvoll. Sein kurzes Leben war ein beständiges Streben, seiner Hausmacht einen grossen Aufschwung zu geben, und er scheute kein Mittel, um dies zu erreichen. Auch war er ein eifriger Freund der Stuarts und hierin bestärkte ihn seine Gemahlin Prinzessin Maria, eine Tochter Karls, beständig, wie man mit Recht oder Unrecht im allgemeinen glaubte. Aber die aristokratische Partei war natürlich entschlossen, dem Könige nicht die geringste Gunst zu erweisen, besonders weil Karl Niederlage auf Niederlage erlitten hatte und jetzt der Gefangene des Parlaments war.

Doch war der Einfluss des Prinzen in den Generalstaaten noch sehr stark. Als der Prinz von Wales im Jahre 1648 von Frankreich nach Hellevoetsluys kam, beschlossen die Generalstaaten, ihn zu bewillkommnen, aber Holland instruierte ihre Deputierten, in der Begrüssung kein Wort fallen zu lassen, welches mehr besagte als der Höflichkeit entspräche, und den Staat etwa später verbindlich machen könnte [1]). Der Prinz liess zwei bis drei Regimenter auf den ostfriesischen Inseln Borkum und Juist zu seinem Dienst werben. Dies duldeten die Generalstaaten, und als das Parlament sich bei ihnen durch seinen Gesandten Doreslaar darüber beklagen liess, gestatteten sie ihm keine Audienz [2]). Das Parlament schickte nun Walter Strickland, der vorher nach England zurückgekehrt war, mit einem neuen Beglaubigungsschreiben wieder nach dem Haag, um dort zusammen mit Doreslaar eine Anknüpfung an die Generalstaaten zu suchen [3]). Er wurde von einundzwanzig Kriegsschiffen unter dem Oberbefehl des Grafen von Warwick eskortiert.

Der Prinz von Wales, welcher seine eigene Flotte in Hellevoetsluys hatte, fürchtete von Warwick angegriffen zu werden.

---

1) *Wicquefort*, L'histoire des Provinces-Unies des Pays-Bas depuis le parfait Etablissment de cet Etat par la Paix de Munster. Haag 1719, Bd. I, S. 321—322. *Extrait du Régistre des Résolutions des États de Hollande et West-Friese, 23. Juillet 1648.*
2) *Aitzema*, III. D., S. 276.
3) Ibid. S. 277.

Er bat deshalb die Generalstaaten um Schutz, welche nun ein Gefecht in ihren Häfen verboten[1]). Andererseits kamen die Stände von Holland dem Wunsche Doreslaars entgegen und verboten die Schiffe und Waren, welche die königliche Flotte genommen hatte, innerhalb ihrem Gebiete verkaufen zu lassen[2]). Einige Schiffe des Prinzen von Wales gingen zu Warwick über und damit zufrieden verliess derselbe den niederländischen Hafen.

Inzwischen scheiterten die Ausgleichsverhandlungen zwischen dem Parlament und dem gefangenen Könige. Das Parlament entschloss sich jetzt gegen den König einen Prozess wegen Hochverrats anzustrengen. Sobald diese Nachricht nach dem Haag kam, erschien der Prinz von Wales in den Generalstaaten, um sie zu bitten für seinen Vater einzutreten[3]). Die Generalstaaten kamen seinem Wunsche bereitwillig entgegen und beschlossen zu diesem Zwecke, eine ausserordentliche Gesandtschaft nach England zu schicken. Alle Parteien, die aristokratische wie die oranische, waren in diesem Augenblicke darin einig, dass der Gesandte nur eine dem Parlament durchaus angenehme und nicht für oranisch oder königsfreundlich gehaltene Person sein dürfe. Es wurde also Adrian Pauw, van Heemstede, der bekannte Vertreter der holländisch-aristokratischen Partei, und Albrecht Joachimi, der vielerfahrene ordentliche Gesandte in England, ernannt. Man gab ihnen ausser dem Beglaubigungsschreiben auch Briefe an Fairfax, Cromwell, Warwick und andere Führer des Parlaments mit[4]).

Am $\frac{5.\ \text{Februar}}{26\ \text{Januar}}$ 1649 trafen sie in London ein und wurden dort mit grosser Aufmerksamkeit empfangen. Sie drängten auf

---

1) *Wicquefort*, L'histoire, I, S. 322—323. *Mémoires du Sieur Boswell, 30. Sept. 1648*. S. 323—324. *Résol. des Etats Généraux, 30. Sept. 1648*.
2) Ibid. S. 326. *Résolutions des Etats de Hollande et West-Frise, 19. Sept. 1648*.
3) *Wicquefort*, L'histoire, I, S. 326. *Résol. des Etats-Généraux, 23. Jan. 1649*. — *Aitzema*, III, S. 297.
4) *Aitzema*, III, S. 297.

baldige Audienz hin, erhielten dieselbe aber nicht sogleich, und inzwischen wurde schon am $\frac{6.\ \text{Februar}}{27.\ \text{Januar}}$ das Todesurteil des Königs ausgesprochen. Die Gesandten besprachen sich mit den parlamentarischen Führern privatim und baten sie, die Ausführung des Urteils wenigstens bis nach ihrer Audienz zu verschieben[1]). Am $\frac{8.\ \text{Februar}}{29.\ \text{Januar}}$ hatte das Parlament eine besondere Sitzung, um den Gesandten die Audienz zu geben. Dieselben verkündeten den Wunsch und Rat der Generalstaaten, nicht zum Aeussersten gegen den König zu schreiten und bekamen eine kurze allgemeine Antwort, dass man darüber nachdenken werde[2]). Aber in Wirklichkeit wurde die Bitte doch nicht berücksichtigt. Schon am nächsten Tage, dem $\frac{9.\ \text{Februar}}{30.\ \text{Januar}}$, wurde Karl I. öffentlich hingerichtet.

Am 25./15. Februar hatten Heemstede und Joachimi wieder eine Audienz, in welcher sie eine offizielle Antwort bekamen. Das Parlament dankte den Generalstaaten für ihre freundliche Gesinnung und ihre Absicht, das gute Einvernehmen zwischen den beiden Nationen zu erhalten, erklärte ihnen aber höflich, dass es mit der Hinrichtung des Königs nicht mehr getan habe, als das, was der öffentlichen Gerechtigkeit entsprochen habe: das Parlament müsse die Sache besser als alle andern verstehen. Ferner erklärte es, dass »keine Allianz jemals zwischen verschiedenen Völkern existiert habe, welche auf so gemeinsamen Interessen begründet wäre, wie zwischen dem von England und von den Niederlanden«; und dass »es immer bereit wäre, mit den Generalstaaten alle Mittel solchen Werken zu widmen, wie sie für das allgemeine Wohl des Christentums, sowie für ihr eigenes, nötig seien«[3]). Nach dem zu urteilen, was nachher zu Tage getreten ist, halte ich diese

---

1) *Aitzema*, S. 298.
2) Ibid. III, S. 298—299. The Journal of House of Commons, Vol. VI, S. 125, *29. Jan. 1648 (1649)*.
3) Journal of House of Commons. Vol. VI, S. 142: »We shall be ever ready, not only to hear but to contribute with them all good Means and Offices to fulfill such works as shall be necessary for the general Good of Christendom, as well as for our own«. — *Aitzema*, III. D., S. 326.

Worte nicht für leere, diplomatische Phrase, sondern für das Zeichen des ernsten Wunsches des Parlaments, in religiösen und anderen Interessen mit den Niederländern gemeinsame Sache zu machen. Noch beachtenswerter ist die an Heemstede ergangene Mitteilung des nunmehr einflussreich gewordenen Cromwell, der übrigens von den Niederlanden mit grosser Achtung gesprochen haben soll, die Mitteilung nämlich, *dass man neulich im Parlament vorgeschlagen habe, den Niederländern dieselben Handelsprivilegien wie den Eingeborenen zu gewähren* [1]). Wozu sollte man nun den Niederländern, mit welchen die Engländer nur mit Muhe rivalisieren konnten, so hohe Vorteile gestatten? Sollte diese Konzession bloss zur Erhaltung des guten Verhältnisses zwischen den beiden Staaten dienen? Ich glaube, es ist kein Zweifel, dass man schon damals wünschte, ein möglichst enges Bündnis der zwei Nationen zum Zwecke der Erhaltung und Förderung der gemeinsamen Interessen, der Ausführung einer energischen Politik gegenüber andern Völkern um jeden Preis zu haben. Ja, hierin lag schon wenigstens der Keim der später geäusserten Idee einer Koalition, das heisst, Zusammenschmelzung der beiden Staaten in einen. Denn eine der wenigen Bedingungen der Koalition, welche England vorgeschlagen hat, ist die, dass jedes Volk dieselben Privilegien in dem andern Land, wie die Einwohner geniessen solle.

Die Nachricht von der Hinrichtung des Königs verbreitete in den Niederlanden allgemeines Entsetzen. Das Mitleid für Karls tragisches Ende und die Entrüstung gegen diejenigen, welche zum ersten Male in der Geschichte des Christentums gegen ihren gesalbten König ein öffentliches Prozessverfahren eingeleitet und ihn hingerichtet hatten, veranlasste die Niederländer, alle Fehler, die Karl als König begangen hatte, zu vergessen und nur an seine guten Privateigenschaften zu denken.

---

1) *Aitzema*, III. D., S. 324.

Die zahllosen Flugschriften, welche damals erschienen, waren meistens von dieser Stimmung erfüllt, und obgleich es noch einige gab, welche das Parlament zu rechtfertigen versuchten, war es doch leicht zu sehen, dass die allgemeine Sympathie, die bisher so stark für dasselbe war, jetzt auf die andere Seite umschlug. Aber die aristokratische Partei, besonders in Holland und Seeland, blieb doch ruhiger und liess sich von der allgemeinen Aufregung zu keiner Feindseligkeit gegen das Parlament hinreissen.

Die Generalstaaten beschlossen, dem nunmehr fast überall als König anerkannten Prinzen von Wales zu dem Tode seines Vaters zu kondolieren und ihn zu seiner Nachfolge zu beglückwünschen. Die oranische Partei wollte ihn mit gleichem Titel, wie seinen Vater, begrüssen, aber Holland und Seeland widersetzten sich dem entschieden und erreichten endlich, dass in der Kondolenz alle Ausdrücke vermieden wurden, welche das Parlament beleidigen konnten. Die Generalstaaten erstatteten also dem neuen Könige in corpore einen Besuch und die Stände von Holland schickten überdies ihre besondere Abordnung zu ihm. Sie redeten ihn mit Majestät und als König Karl II. an, aber nicht als König von Grossbritannien [1]. Den Titel König konnte man, ohne das Parlament zu beleidigen, ihm zuschreiben, denn Karl II. war schon von den Schotten zum König erklärt. Im übrigen sprach man zu ihm mit grossem Respekte und tiefer Teilnahme, aber nicht mit »Bitterkeit genug gegen die Empörer und Mörder«, wie ein englischer Königsanhänger seufzte [2]).

Die oranische Partei in den Generalstaaten wollte die zwei Gesandten in England zurückrufen, mit dem Vorwand, dass ihr längerer Aufenthalt dort die Rechtfertigung des Verfahrens des Parlaments von Seiten der Niederlande bedeuten würde. Holland und Seeland, welche keineswegs mit dem Parlament brechen

---

1) *Aitzema*, III, S. 323—324. — *Wicquefort*, I, S. 543—544. *Resol. des États de Hollande et de West-Frise*, 22. Febr. 1649. S. 544. Dto, 25. Febr. 1649. S. 545—546. Dto, 26. Febr. 1649.
2) *Clarendon*, Vol. VI, S. 268.

wollten, stritten heftig dagegen und erklärten, dass Heemstede schon ohne besonderen Befehl zurückkommen müsse, da sein Auftrag jetzt selbstverständlich zu Ende sei, und was Joachimi betreffe, so haben Frankreich, Spanien und Portugal alle immer noch ihre ordentlichen Gesandten in London, und die Niederlande brauchen nicht den ihrigen zurückzurufen, bevor die andern es thun.

Nicht so massvoll waren die Prediger vom Haag, welche früher die grösste Sympathie für die englische Volkspartei gezeigt hatten, jetzt aber eine eigene Deputation zu dem neuen Könige schickten und in ihrer Kondolenz sehr starke Ausdrücke gegen das Parlament gebrauchten. Ihr Benehmen erregte Missfallen bei den holländischen Ständen, welche ihnen sofort verboten, ihre Kondolenz zu veröffentlichen, von der Kanzel irgend etwas über das Parlament auszusprechen und mit Engländern in ihrer Heimat irgend welche Korrespondenz, auch nicht auf dem religiösen Gebiet, zu führen [1]).

Nachdem das Parlament das Oberhaus und die Königswürde abgeschafft, sich formell als »Commonwealth« erklärt und einen exekutiven Körper, den Staatsrat, mit sehr umfassenden Vollmachten errichtet hatte, schickte es den schon vorher erwähnten Dr. Isaak Doreslaar mit einem neuen Beglaubigungsschreiben als seinen Gesandten nach dem Haag, um zusammen mit Strickland wieder eine Anknüpfung an die Generalstaaten zu suchen. Er war beauftragt, nicht allein die Erhaltung des guten Einvernehmens zwischen beiden Staaten, sondern auch *»eine nähere Vereinigung zur Wahrnehmung gemeinsamer Interessen«* vorzuschlagen [2]). Was die genauere Bedeutung dieses letzteren Ausdrucks war, ob damit etwa die Koalition gemeint war, kann ich nicht sicherstellen, obgleich die Möglichkeit eine sehr grosse ist.

1) *Wicquefort*, Tom. I., S. 155 Text. — Ibid. S. 546, *Résolutions des États de Hollande et de West-Frise.* — *Aitzema*, III. D., S. 329.
2) *Aitzema*, III. D., S. 377.

Doreslaar war von Geburt ein Holländer, Sohn eines Predigers in Enckhuysen, hatte sich aber früh in England niedergelassen. Er war Professor der Geschichte in Cambridge und später Advokat in London. Er war eifriger Vertreter des Parlaments und wurde im Prozess gegen den König als Fiskal gebraucht; man glaubte sogar im Haag, dass er der maskierte Henker des Königs gewesen sei. Die Anhänger der stuartischen Familie daselbst waren ausser sich über diesen schlimmen Königsmörder, als welchen sie ihn betrachteten. Schon am dritten Tage seiner Ankunft, am Abend des 12. Mai 1649, als er in seinem Hotel bei Tische sass, wurde er von fünf oder sechs Männern, die man für schottische Royalisten hielt, plötzlich überfallen und ermordet. Man schickte seinen Leichnam nach England, wo ihn das Parlament mit höchsten Ehrenbezeugungen in Westminster begraben liess¹).

Die Stände von Holland machten grosse Bemühungen, um die Mörder aufzuspüren, aber da die englischen Royalisten beim Prinzen von Oranien in Gunst standen, so war dies ganz vergebens. Die Stände schrieben an Joachimi, dem Parlament von ihren Bemühungen Mitteilung zu machen und es zu beruhigen. Das ₁Parlament, welches sich noch nicht stark genug fühlte, musste mit dieser Versicherung zufrieden sein und beauftragte Strickland, noch weitere Versuche zur Anknüpfung an die Generalstaaten zu machen. Aber die oranische Partei in diesem Staatskörper war entschlossen, ihm trotz aller Bemühungen Hollands keine Audienz zu geben. Gleichzeitig aber erlaubten die Generalstaaten den schottischen Gesandten die Audienz, als ob sie aller Welt ihre Feindseligkeit gegen England zeigen wollten²). Strickland wurde jetzt ungeduldig und wollte endlich nach England zurückkehren. Die holländischen Stände waren in Todesangst, dass das englische Parlament doch endlich zu offenen Feindseligkeiten übergehen, und der

---

1) *Wicquefort*, Tom. I., Text S. 157—158.
2) *Aitzema*, III. D., S. 376.

ihnen so teuere Frieden jetzt gegen ihren Willen gestört werden würde. Sie erhoben nicht allein energischen Protest in den Generalstaaten gegen die Abweisung des Gesandten, sondern schrieben sogar an die einzelnen Provinzen, um die Audienz für Strickland doch zu erlangen. Aber das glückte ihnen doch nicht. Strickland blieb im Haag, hatte freien Zugang zu den holländischen Ständen, erstattete dem Parlament Bericht über die wichtigen politischen Ereignisse in den Niederlanden: weiter konnte er nichts erreichen. Andrerseits hatte Joachimi, der ordentliche Gesandte in England, kein neues Beglaubigungsschreiben erhalten, und das Parlament, erzürnt über die Demütigung seines eigenen Haager Gesandten, verlangte nun von jenem, dass er in einer bestimmten Zeit das Land verlasse [1]). Holland versuchte vergebens die Generalstaaten dazu zu bewegen, Joachimi das neue Beglaubigungsschreiben zu schicken [2]). Die Zeit verlief, und Joachimi musste das Land ohne weiteres räumen. Holland beschloss in der Verlegenheit, einen eigenen provinziellen Gesandten unter dem Namen eines Kommissionärs nach England zu schicken, als das letzte Mittel, die zunehmende Spannung etwas zu erleichtern [3]).

Inzwischen trat nun eine gefährliche Periode für die englischen Republikaner, ebenso wie für die aristokratische Partei in Holland ein. König Karl II. hatte schon vorher die Generalstaaten um Unterstützung und Rat gegen das Parlament gebeten [4]), aber Holland und Seeland waren natürlich durchaus nicht dazu zu bringen. Der König versuchte auch dadurch Geld zu gewinnen, dass er vorschlug, die alten Streitigkeiten über das Verfahren in Amboina, Poleroon und den anderen ostindischen Ländern durch

---

1) *Wicquefort*, Tom. I, S. 567. *Résol. des Etats-Généraux, 13. Oct. 1650; die, 14. Nov. 1650.*

2) Ibid. S. 569, *18. Jan. 1650.* — Ibid. S. 568. *Résol. des Etats de Hollande et de West-Frise, 17. Jan. 1650.*

3) Ibid. S. 570. *Résol. des Etats de Hollande et de West-Frise, 22. Jan. 1650.*

4) Ibid. S. 563. *Mémoire présenté par les Ministres du Roi d'Angleterre, 30. Mars 1649.* S. 565. *Deuxième Mémoire, 12. Avril 1649.*

Bezahlung kleiner Geldsummen von Seiten der Niederlande auszugleichen, aber auch das wurde von Holland verweigert[1]). Schliesslich reiste Karl nach Schottland ab mit keiner andern Unterstützung als der, welche sein Schwager, der Prinz von Oranien, ihm gewähren konnte. Die Generalstaaten konnten ihm nur einen feierlichen Abschiedsgruss in corpore darbringen[2]). In Schottland wurde er mit Begeisterung empfangen und es schien anfangs alles glücklich für ihn zu verlaufen. Cromwell, welcher eben den gefährlichen royalistischen Aufstand in Irland unterdrückt hatte, marschierte nun gegen ihn, musste aber allmählich zurückweichen. Doch sollte diese glückliche Lage nicht lange dauern. Am 13./3. September 1650 wurde die blutige Schlacht von Dunbar geschlagen, wo die Royalisten eine totale Niederlage erlitten. Damit war die Macht der jungen Republik vollends befestigt, obgleich es noch ein volles Jahr dauerte, bis man Karl aus dem Lande gejagt hatte.

Noch verhängnisvoller war die Zeit für die holländisch-aristokratische Partei. Kardinal Mazarin, welcher die spanischen Niederlande zu erobern trachtete, versuchte Wilhelm II., den Prinzen von Oranien, zu überreden, die Niederlande zum Offensivbündnis mit Frankreich zu bringen. Der Prinz ging bereitwillig darauf ein. Er wusste wohl, dass Holland sich dem energisch widersetzen würde, aber er hoffte mit der Hilfe der andern sechs Provinzen, deren Deputierte in den Generalstaaten er meistens auf seine Seite gezogen hatte, die Opposition niederzuschlagen, ja er war bereit, selbst Gewalt zu brauchen. In einem geheimen Auftrage an seinen Agenten in Frankreich äussert er »pour la Hollande, ayant les secours spécifiés, avec les amies, que l'on a dans la province, *et la milice*, l'on ne doute nullement que l'on ne la mette à la raison«[3]). Das Schriftstück trägt kein Datum, aber Groen weist mit grosser Wahrscheinlichkeit nach, dass dasselbe gegen

---

1) *Aitzema*, III. D., S. 366.
2) Ibid. III. D, S. 377.
3) Archive de la Maison d'Orange-Nassau, II. Serie, Tome IV, S. 299—300. *Instruction pour un envoyé du Prince d'Orange en France.*

Ende des Februar geschrieben ist ¹). Jedenfalls glaube ich annehmen zu dürfen, dass der Juli-Staatsstreich des Prinzen ein nicht in einem leidenschaftlichen Augenblicke gemachter, sondern wohl als letztes Mittel ausgedachter Schritt war.

Nach dem Frieden von Münster versuchte man das Heer bedeutend zu vermindern, vor allem ging Holland hierin sehr weit. Der Prinz von Oranien, dessen Absicht war, den Krieg mit Spanien zu erneuern, erklärte, dass eine solche grosse Verminderung der Sicherheit des Landes nachteilig sei. Der Streit wurde immer heftiger, und Holland entliess endlich eigenmächtig auf Grund seiner provinziellen Souveränität den Truppenteil, welchen es bezahlte ²). Der Prinz und seine Anhänger in den Generalstaaten waren ausser sich. Es wurde dort beschlossen, erstens den Hauptleuten der entlassenen Kompagnien zu befehlen, dieselben zusammenzuhalten, zweitens in die einzelnen Städte von Holland eine Deputation zu schicken, sie möchten auf die Verminderung der Truppen verzichten, und drittens dem Prinzen von Oranien eine Vollmacht über die Art und die Mittel der Deputation auszustellen; er sollte wirken »für die Festhaltung der Union« (ende in sonderheyt gemainteneert ende vastgehouden de Unie) ³). Dieser Beschluss wurde von einer kleinen Majorität erreicht, als gerade wenige Deputierte anwesend waren ⁴). Ausserdem hatten diese keine Aufträge darüber von ihren provinziellen Ständen erhalten und das ganze Verfahren war von sehr bedenklicher Natur.

Der Prinz reiste mit einer aus seinen Anhängern bestehenden Deputation und vierhundert Reitern in den Städten von Holland umher, allein überall bekam er eine bald trotzige, bald höflichere, aber immer eine entschieden verweigernde Antwort, und er kehrte höchst unzufrieden nach dem Haag zurück, ohne irgend etwas erreicht zu haben. Gerade in dieser Zeit verhaftete der

---

1) Ibid. S. 299, Fussnotiz.
2) Wicquefort, Tome I, S. 465. Résol. des États de Hollande et West-Frise, 30. Mai 1650. — Ibid. S. 466. dto, 4. Juin 1650.
3) Wicquefort, Tom. I, S. 467—470. Résol. des États-Généraux, 5. Juin 1650.
4) Wicquefort, Tom. I, S. 142.

Prinz den Admiral de With wegen Insubordination. Holland hielt dies für Verletzung seines Oberhoheitsrechts, setzte einige mit de With verhaftete Kapitäne in Freiheit und nötigte den Prinzen, denselben auch freizulassen.

Nun beschloss Wilhelm II. endlich zu einem Staatsstreich zu schreiten; jedoch ist zu bemerken, dass er hiebei wenigstens bemüht war, Gewaltthaten möglichst zu vermeiden. Am 30. Juli 1650 liess er Jacob de Witt und fünf andere Deputierte der holländischen Städte verhaften und in seinem Schloss Loevestein gefangen halten. Dann plante er einen plötzlichen Ueberfall auf die Stadt Amsterdam, aber dieselbe bekam vorher Kunde davon und rüstete sich zur Verteidigung. Die Generalstaaten mussten sich jetzt einmischen und den Prinzen bitten, seine Truppen zurückzuziehen. Es kam zu einem Vergleich: von Seiten Amsterdams und Hollands wurden Konzessionen gemacht und es wurde endlich festgesetzt, dass die einzelnen Provinzen kein Recht hätten, die Truppenzahl zu vermindern, sondern dieses Recht bei den Generalstaaten bleiben solle.

Der Prinz hatte einen vollständigen Sieg davongetragen. Sein nächster Plan war nun Bruch mit Spanien und Offensivbund mit Frankreich, aber mitten in dieser Thätigkeit starb er plötzlich am 6. November 1650.

Mit dem Tode des Prinzen Wilhelm II. trat ein neuer Wendepunkt für die Niederlande ein. Sein Sohn Wilhelm III., der spätere König von Grossbritannien, wurde erst eine Woche nach seines Vaters Tod geboren. Es waren keine guten Aussichten für das Kind vorhanden. Seine Mutter und seine Grossmutter waren in heftigem Streit über die Vormundschaft, und von seinem Onkel, dem friesischen Statthalter, Grafen Wilhelm von Nassau-Diez, befürchteten viele Oranier, er möchte die Macht an sich reissen. Die aristokratische Partei begrüsste diese für sie glückliche Lage mit Jubel. Jetzt oder nie könne sie die Macht der Oranier für immer vernichten. Die Gebrüder Bicker, die Bürgermeister von Amsterdam, Jacob de Witt, der Rat von Dordrecht und die anderen hervorragenden Personen in

Holland, welche infolge des Staatsstreiches des verstorbenen Prinzen Wilhelm II. abgesetzt worden waren, wurden nun von den betreffenden Städten sofort wieder in ihre Aemter und Würden eingesetzt. Der nächste grosse Schritt von Seiten Hollands war, dass es seinen Städten das Recht gewährte, ihre eigenen Magistrate ohne die bisherige Zustimmung des Statthalters zu ernennen [1]).

Schon am Tage der Geburt des jungen Prinzen, am 14. November 1650, schlug Holland in den Generalstaaten vor, eine grosse ausserordentliche Versammlung der Deputierten der sieben Provinzen zu berufen und über die Union, die Religion und das Kriegswesen zu beratschlagen [2]). Um die anderen Provinzen dazu zu überreden, schickten die holländischen Stände in jede eine Deputation. Im allgemeinen boten die andern Provinzen dem wenig Widerstand und die ausserordentliche »Groote Vergadering« begann am 18. Januar 1651 im Haag ihre Sitzung. Nach achtmonatlicher Beratschlagung war die aristokratische Staatsform im ganzen fest begründet. Sechs Provinzen ernannten infolge der äussersten Bemühung von Holland keinen neuen Statthalter; in Friesland allein, welches stark oranisch gesinnt war und ausserdem in der Person des Grafen Wilhelm bereits einen besonderen Statthalter hatte, konnte keine Rede davon sein. Andrerseits scheiterte der Versuch der oranischen Partei, den Säugling Prinz Wilhelm zum Kapitän-General zu ernennen, gänzlich: die Niederländer hatten lange Zeit keinen Kapitän-General. Die Macht über das gesammte Kriegsvolk blieb bei den Generalstaaten, aber die Offiziere wurden von den einzelnen Provinzen, welche sie bezahlten, ernannt und mussten mit ihren Soldaten denselben wie den Generalstaaten den Eid leisten. Ferner konnte kein Truppenmarsch durch eine Provinz ohne die Zustimmung derselben stattfinden [3]). Die »Groote Vergadering« rechtfertigte auch das Verhalten Hollands gegen den Prinzen von Oranien im vorigen

---

1) *Wicquefort*, Tom. I, S. 751. *Résol. des États de Hollande et West-Frise*, S. Décembre 1650.
2) *Aitzema*, III, D., S. 458—459.
3) Ibid., S. 498—550.

Jahre und erklärte den Beschluss vom 5. Juni 1650 als ungiltig, in Kraft dessen der Prinz zu gewaltsamem Verfahren gegen Holland geschritten war [1]).

So haben die englischen Republikaner und die niederländische aristokratische Partei beide schliesslich einen glänzenden Sieg errungen und nun war es die natürliche Folge, dass beide die längst gewünschte gegenseitige Annäherung zu verwirklichen suchten. Das Parlament sah mit Vergnügen den Verlauf der »Groote Vergadering«, welchen es als die Wiederherstellung der Freiheit betrachtete und verglich dieses Ereignis mit seinem eigenen bisherigen Streben, obgleich in Wahrheit ein sehr grosser Unterschied zwischen beiden vorhanden war. Seine alte Sympathie für die Niederländer lebte wieder auf und jetzt beschloss es, eine ausserordentliche Gesandtschaft zu schicken, um ein möglichst enges Bündnis, ja die Zusammenschmelzung der beiden Staaten zustande zu bringen.

In den Niederlanden herrschten eben um diese Zeit bittere Gefühle gegen Karl II., da die Royalisten auf den Scillyinseln den niederländischen Schiffen durch Räuberei schadeten [2]). Seeland vereinigte sich mit Holland dahin, in der »Groote Vergadering« vorzuschlagen, die gegenwärtige englische Regierung als Republik anzuerkennen, was Holland schon im vorigen Jahre, als es Gerard Schaap als seinen provinziellen Gesandten nach London schickte, gethan hatte. Der Vorschlag wurde dort angenommen, und es wurde am 28. Januar 1651 beschlossen, dass man alle Gesandten des Parlaments als diejenigen einer freien Republik mit vollem Titel und Würde empfangen, und andererseits Joachimi wieder als den niederländischen Gesandten nach London schicken solle [3]).

Das Parlament ernannte inzwischen als seinen ausserordentlichen Gesandten Oliver St. John, Oberrichter, und Walter Strick-

---

1) *Aitzema*, III, D, S. 601. »als niet genomen, mitsgaders nul, krachtlos, etc.«
2) *Aitzema*, III, S. 637.
3) Ibid. — *Wicquefort*, Tom. II, S. 366. *Résol. des États-Généraux*, 7. Jan. 1651: S. 367. *Résol. des États de Hollande et West-Frise*, 7. Jan. 1651: S. 368. *Résol. des États-Généraux*, 26. Jan.: S. 369. ditto, 28. Jan.

land, der sieben Jahre lang als sein Gesandter im Haag gewohnt und vergebens Audienz bei den Generalstaaten zu erhalten versucht hatte. Die junge Republik scheint dieser Gesandtschaft sehr grossen äusseren Glanz gegeben zu haben, um dadurch ihre Macht sehen zu lassen. Die Gesandten wurden von dem ungemein grossen Gefolge von zweihundert sechsundvierzig Mann, unter ihnen viele Edelleute, begleitet und mit fünf Kriegsschiffen auf dem Wege eskortiert. Sie kamen am 27. März 1651 in fünfundzwanzig Staatswagen nach dem Haag. Die zwei Gesandten in prachtvollen Kleidern sassen im Staatswagen des Herrn van Brederode, eines Verwandten des Prinzen von Oranien. Auf beiden Seiten des Wagens marschierte eine Anzahl in Blau und Grau gekleideter und mit Degen versehener Lakaien [1]).

Des Königs Gesandter Macdowell hatte vergebens versucht, der niederländischen Regierung den Empfang St. Johns und Stricklands auszureden, und als es ihm nicht gelang, verliess er den Haag, um wenigstens eine Demütigung zu vermeiden. Auch der Herzog von York that dies. Als die Gesandten in die Stadt einfuhren, waren die Strassen voll von neugierigen Zuschauern, welche die Pracht der neuen Republik zu sehen wünschten. Es waren unter ihnen auch viele englische Royalisten und fanatische Oranier, welche die Ankommenden mit den Zurufen »Cromwells Bastarde«, »Königsmörder«, »Englische Henker«, »Fairfax« und anderen liebenswürdigen Namen begrüssten. Das Staatshotel war schon vom französischen Gesandten Bellièvre, der kurz vorher in den Haag gekommen war, besetzt, und da derselbe es zu räumen verweigerte, so konnten die englischen Gesandten trotz der äussersten Bemühung der holländischen Stände nur eine Wohnung von acht Zimmern erhalten, so dass das Gefolge zum grössten Teile anderswo logieren musste. Aber die drohenden Zurufe der Zuschauer während ihrer Einfahrt und die Erinnerung an die kühne Mordthat, die an Doreslaar verübt worden war, hatten schon bei ihnen eine lebhafte Angst erregt. Sie wollten nur zu fünft oder sechst zusammen wohnen und viele von ihnen schliefen in der

---

[1]) *Aitzema*, III, S. 638.

ersten Nacht, ohne sich auszukleiden. An den folgenden Tagen erschienen sie auf der Strasse immer in Gruppen von acht, neun oder mehr und trugen ihre Degen in der Hand oder im Arm, nie im Gehänge, um sich gegen Ueberfall zu bewahren. Sie erregten dadurch die Neugierde des Gesindels, welches ihnen überall nachfolgte und sich von den Feinden des Parlaments leicht aufhetzen liess, ihnen Schmährufe wie »Königsmörder« etc. nachzusenden. Die holländischen Stände verboten solche Beleidigungen in einem offenen Dekret, das aber wenig Wirkung hatte [1]).

Am 29. März verlangten die Gesandten Audienz bei der »Groote Vergadering«, die diese bereitwillig gewährte und auf den nächsten Tag bestimmte. Mit der nämlichen Pracht wie bei ihrem Einzug in die Stadt und mit der grössten Aufmerksamkeit seitens der niederländischen Regierung wurden sie in den Sitzungssaal der »Groote Vergadering« geführt. Nachdem St. John das Beglaubigungsschreiben seiner Regierung überreicht hatte, eröffnete er mit grosser Geläufigkeit den Vorschlag derselben im allgemeinen.

Er sagte, dass das Parlament zum Zwecke der dauernden Festhaltung der guten Beziehungen zwischen den beiden Republiken eine engere Vereinigung zu schliessen wünsche. Dafür habe es ihn in der geeignetsten Zeit geschickt, in der Zeit, wo Ihre Hoch Mögenden zur Beratung über Sachen von grösster Wichtigkeit versammelt seien, welche durch die wunderbare Vorsehung Gottes eingetreten seien, und wo auch die englische Republik, durch Gottes unendliche Güte, unter der gegenwärtigen Regierung festbegründet und von allen äusseren Feinden befreit sei. Es sei der Wunsch des Parlaments, eine nähere Vereinigung der zwei Staaten zu schliessen, welche für beide vorteilhafter wie je zuvor sein würde, da dadurch alles nicht auf dem Leben, der Willkür und den Privatinteressen einer einzigen Person beruhe [2]).

Die englische Regierung hatte also ihre gemeinsamen Interessen mit der aristokratischen Partei in den Niederlanden gegen

---
1) *Aitzema*, III, S. 638.
2) *Wicquefort*, II, S. 379—385. *Résol. des États-Généraux, 30. Mars 1651.*

die zwei Häuser Stuart und Oranien deutlich anerkannt und dies hier zum öffentlichen Ausdruck gebracht.

Die »Groote Vergadering« ernannte sechs Bevollmächtigte, um mit den Gesandten zu verhandeln [1]) und die Verhandlung wurde am 4. April eröffnet. Die englischen Gesandten begannen mit sehr grosser Vorsicht. Sie verlangten zuerst, dass alles, was verhandelt werden sollte, schriftlich abgefasst würde, mit Unterzeichnung von beiden Seiten. Sie verlangten auch, dass alles, was zwischen beiden Seiten verhandelt und beschlossen würde, nicht gelten sollte, als bis alle Artikel durchgegangen wären. Diese Forderung stellten sie deshalb, weil sie bei der Verhandlung sehr wichtige Punkte im Auge hatten, für deren Bewilligung sie grosse Konzessionen zu machen bereit waren, weil sie aber diese Konzessionen nicht geben wollten, falls jene Hauptforderungen nicht angenommen würden. Nun äusserten sie zunächst nur einen Artikel, um dadurch zuerst die Neigung der niederländischen Regierung kennen zu lernen. Dieser lautete nämlich: *Wir schlagen vor, nicht allein, dass die alte, gute Freundschaft zwischen der englischen Nation und den Vereinigten Provinzen erneut und unverletzlich erhalten, sondern dass eine noch engere Allianz und Union zwischen ihnen geschlossen werden solle, wodurch für die Wohlfahrt der beiden innigere gegenseitige Interessen als je vorher gesichert werden könnten* [2]).

Als Gründe dafür erwähnten die Gesandten drei gemeinsame Punkte zwischen den beiden Nationen, nämlich: 1) dass beider Religion gleich sei; 2) dass beide freie Völker seien; 3) dass beide gemeinsame Interessen für die Freiheit des Handels und

---

1) Ommeren, Strebelshoek, Boorn, Veth, Renswoude, Schuyzmaus und Woolffien. — *J. Thurloe*, A Collection of the Statespapers. Vol. I, S. 174. *Beschluss der Generalstaaten, 31. März 1651.*

2) »Wee . . . . . doe propound That the Amitie and good Correspondencie, which has anciently beene between the English Nation and the United Provinces, bee not only renewed and perserved inviolably, But that a more strict and intimate Alliance and Union bee entred into by them, whereby there may bee a more intrinsecal and mutual interest of each another, than hath hitherto beene, for the good of both«. — *Wicquefort*, II, S. 390. *Résolution des États-Généraux, 30. Mars 1651.*

der Schiffahrt haben. Zu gegenseitiger Hulfe in der Wahrung dieser Punkte müssten sich die zwei Republiken verpflichten.

Die niederländischen Bevollmächtigten baten die Gesandten, die Sache näher und einzeln zu erklären. Dieselben aber waren zu vorsichtig und wollten noch nicht ihre Gedanken aussprechen. Sie meinten, sie haben schon für jetzt genug geäussert und würden keine weitere Eröffnung machen, bis sie wüssten, ob Ihre Hoch Mögenden den Vorschlag annehmen würden. In der »Groote Vergadering« liess man dies streng geheim halten und beratschlagte über die daraufzu gebende Antwort. Man konnte nicht ja und nicht nein sagen, weil man den eigentlichen Sinn des vorgeschlagenen Artikels nicht begriff, welchen die ausserordentlich vorsichtige Haltung der Gesandten doppelt mysteriös machte. Man beschloss am 6. April einen Gegenvorschlag zu machen, dass »*man nicht allein die alte Freundschaft zwischen den beiden Staaten erneuern, sondern auch einen Vertrag für gemeinsame Interessen schliessen solle*« [1]). In dieser Beratung zeigten die Bevollmächtigten von verschiedenen Provinzen, selbst von dem parlamentfreundlichen Holland, ungemeine Vorsicht und Unschlüssigkeit; diejenigen von Ober-Yssel erklärten sogar, dass ihre provinziellen Stände durch diese Beschlüsse in ihrer weiteren Beratung nicht gebunden sein sollten [2]).

Andererseits war diese Antwort doch nicht befriedigend für die Gesandten, welche einen noch innigeren Ausdruck der Freundschaft, ja Verbrüderung wünschten. Sie erklärten deshalb, dass die Antwort zu allgemein wäre und sie möchten jetzt eine mehr detaillierte Aeusserung hören, zum Zwecke der Abschliessung *einer engeren Vereinigung für die gemeinsamen Interessen wie je zuvor*.

Leider sind mir die ursprünglichen Aufträge der englischen Republik an ihre Gesandten nicht bekannt. Aber in allen Verhandlungen zwischen den beiden Staaten von dieser Zeit an bis zu der Aeusserung der Koalitionsidee von Cromwell brachte die englische Regierung immer wieder diesen Artikel, welcher unbe-

---

1) *Wicquefort*, II, S. 391. *Résol. des États-Généraux*, 6. *Avril 1651.* — Ibid. Tom. II, S. 392. *Résol. des États-Généraux*, 8. *Avril 1651*; S. 393. *ditto 25. Avril 1651.*
2) *Aitzema*, III, S. 658.

dingt zuerst angenommen werden müsse, bevor man auf andere Einzelheiten eingehe. Dieses ununterbrochene Festhalten an demselben Vorschlag lässt mich vermuten, dass die Idee, welche ihm zu Grunde lag, auch gleich geblieben ist. Man wünschte eine *Koalition*, die Zusammenschmelzung der zwei Republiken in einen Föderalstaat, etwa wie die Vereinigten Provinzen selbst, ja sogar in ein noch engeres Verhältnis. Warum hätte man sonst den Gegenvorschlag der »Groote Vergadering« als ungenügend zurückgewiesen? Konnte ein Bündnis zwischen zwei selbständigen Souverän-Staaten auf festerem Boden beruhen als auf »gemeinsamem Interesse«? Wie konnten zwei solche Staaten sonst näher verbunden sein als »je zuvor«?

In einem Brief an den Staatsratsekretär W. Forst, datiert Haag, den 27. Sept. (7. Okt.) 1649, erzählt Strickland, wie er mit dem von Forst empfohlenen »Lord« über *faciamus eos in gentem unam* gesprochen habe, wie er sich jedoch gehütet habe, näher auf die Sache einzugehen, da derselbe »Lord« erklärte, sich nicht mehr erinnern zu können, ob er früher von Seiten des »Doktors« (Doreslaar?) etwas davon gehört habe [1]). Vergleicht man diese Worte mit dem, was Cromwell im Februar des nämlichen Jahres Heemstede in London gesagt hatte (S. 26), so kann man kaum zweifeln, dass die Koalitionsidee schon längst unter englischen Staatsmännern vorhanden war.

Die Sache ist so zu erklären. Die fanatischen Puritaner, jetzt siegreich über alle religiöse und politische Tyrannei in ihrem eigenen Lande, wollten nicht allein die neugewonnene Freiheit festhalten, sondern auch ihre jugendliche Kraft zur Ausführung grossartiger Pläne gegen Aussen anwenden. Dazu schienen die Niederländer ihre natürlichen Brüder. Dieses Volk entsprach in ihren Augen ihrem höchsten Ideal. Der grossartige Aufstand, welchen es gegen den König von Spanien, um seine politische und religiöse Freiheit zu erlangen, ins Werk gesetzt hatte, erregte ihre Achtung. Der Kampf zwischen der aristokratischen und oranischen Partei war nach ihrer Meinung auch ein Kampf

---

1) *Thurloe*, Statespapers, Vol. I, S. 130.

um die Freiheit. Die Ueberlegenheit der Niederländer in Handel und Schiffahrt, welche auch ihre Hauptbeschäftigung war, erweckte ihre höchste Bewunderung. Und nun kam ihnen die Idee, ob man zu diesem Volke, welches im Glauben, der Gesinnung und den Interessen mit ihnen so vollkommen übereinstimmte, nicht in etwas nähere Beziehung treten könnte als gewöhnliche Verbündete, ob sie nicht zu einem Bundesstaat sich vereinigen könnten, dass sie mit ihrer vereinigten Macht grossartige Pläne nach aussen ausführen könnten. Dadurch könnten sie die katholische Macht weiter demütigen, den protestantischen Glauben verbreiten und, statt unter sich Konkurrenz zu machen, den Welthandel gemeinsam monopolisieren. Stern spricht von ihrem Wunsch als »dem chimärischen Plan, aus den Niederlanden eine englische Provinz machen zu wollen« [1]. Wenn er damit meint, dass sie die Niederländer sich unterwerfen wollten, so muss ich entschieden dagegen sprechen. Wie ich später erwähnen werde, wollten die Engländer den Niederländern ganz gleiche Stellung in dem geplanten Bundesstaate gewähren.

Die »Groote Vergadering« war sehr langsam in ihrem Geschäfte. Drei Wochen verliefen ohne irgend eine Aeusserung von ihrer Seite. Die Gesandten wurden ungeduldig und drängten sie schriftlich, die Antwort schnell zu geben [2]. Die Versammlung beschloss endlich am 26. April, dass *sie auch ihrerseits zu einer engeren Vereinigung bereit sei, worin beide Staaten ihre Interessen für sich und ihre gemeinsame Wohlfahrt besser finden könnten* [3]. Diese Antwort konnte man unter anderen Umständen in Bezug auf ein Bündnis als so weit wie möglich gehend betrachten, allein die Gesandten erklärten wieder in der Konferenz, sie sei nicht befriedigend [4].

Zwei Tage nach dieser Konferenz machten die Gesandten ihrerseits in zwei Schriftstücken weitere Eröffnungen. Eines lautet,

---

1) *A. Stern*, Geschichte der Revolution in England. Berlin 1881, S. 259.
2) *Thurloe*, Statespapers Vol. I, S. 179.
3) *Wicquefort*, Tom. II, S. 401. *Résol. des États-Généraux, 26. Avril 1651.*
4) *Aitzema*, III, D., S. 658.

dass »*die englische Republik bereit sei, dem niederländischen Staate nach Verlangen im Verhältnis zu dem, was jene in diesem Vertrage fordere, viele Vorteile zu gewähren*«. Das andere lautete »*die zwei Staaten sollen sich für die Verteidigung der Freiheit der beiden Völker gegen alle diejenigen konföderieren, welche auf dem Meere oder auf dem Lande den Frieden und die Ruhe der beiden Staaten stören, oder welche erklärte Feinde der Freiheit eines der beiden Völker seien* [1])«.

Bevor man aber von dieser Eröffnung Gebrauch machen konnte, bekamen die Gesandten den Befehl zurückzukehren. Das Parlament hatte jetzt grossen Zweifel an der Gesinnung der Niederlande gefasst. Als es die grosse Veränderung in der politischen Parteilage dort nach dem Tode Wilhelms II. sah, glaubte es, die gegenwärtige niederländische Regierung leicht dazu zu bringen, sich mit ihm eng zu vereinigen. Was es wünschte, schien ihm so natürlich, dass kaum grosse Hindernisse zu erwarten wären. Aber jetzt waren seine Gesandten einen Monat im Haag und noch war nichts Bestimmtes gewonnen. Ueberdies, was die Gesandten beim Eintritt in die Stadt Haag erfahren hatten, mussten sie in immer schlimmerer Weise empfinden. Ihre Wohnung wurde vom Gesindel, unter welchem viele Diener der Oranier und Royalisten waren, täglich umlagert, und sobald jemand herauskam, begrüsste es ihn mit allerlei Schimpfrufen. Es war auch nicht immer dieses Gesindel allein. Ein englischer royalistischer Oberst warf einmal nach einem Diener der Gesandten einen Strick, um ihn zu erdrosseln, aber der Strick fasste seine Perrücke statt des Halses und der Mann entkam glücklicherweise unbeschädigt, wenn auch mit entblösstem Kopfe. Prinz Eduard, Sohn jenes »Winterkönigs« von Böhmen, Friedrich V. von der Pfalz und der Elisabeth Stuart, Tochter des englischen Königs Jakob I., vergass seine Würde so sehr, dass er mit einigen Gesellen den Gesandten »Hunde«, »Schelm« und ähnliche Wörter zurief. So fand auch ein kleines Gefecht zwischen dem Gesindel und den Dienern der

---

1) Ibid. III, S. 658. — *Wicquefort*, Tom. II, S. 403. *Résol. des États-Généraux, 28. Avril 1651.*

Gesandten statt, welches nur durch die Ankunft der niederländischen Soldaten zur Ruhe gebracht wurde.

Die Stände von Holland veröffentlichten ein Verbot gegen diese groben Angriffe, setzten Belohnungen für das Angeben derjenigen aus, welche sie verübten, und ersuchten die Bürgerschaft, überall das Gefolge der Gesandtschaft zu schützen [1]). Wicquefort meldet, dass die Stände alles, was sie thun konnten, gethan hätten. Aber das war freilich nur so viel, als sie eben wagten. Denn obgleich sie wohl wussten, dass es die oranischen und royalistischen Prinzen waren, die das Gesindel verhetzten und schützten, so fürchteten sie sich doch davor, energisch gegen diese hohen Persönlichkeiten einzuschreiten; dazu war das Haus Oranien doch noch zu populär. Prinz Eduard fuhr im Prachtwagen aus dem Haag, ohne in irgend einer Weise bestraft zu werden, trotz der Klage der Gesandten, die dies als direkte Beleidigung betrachteten.

Solche Behandlung seiner Gesandten musste natürlich grosses Missvergnügen beim Parlament erwecken. Aber es kam noch ein Ereignis dazu, welches grosses Misstrauen in ihm gegen den niederländischen Staat verursachte. Derselbe hatte nämlich gerade in dieser Zeit seine Flotte unter Admiral Tromp nach den Scillyinseln geschickt, um den royalistischen Gouverneur derselben für den Schaden, welchen er niederländischen Schiffen zugefügt hatte, zurechtzuweisen. Tromp besetzte einen Hügel auf der Insel und gab keine deutliche Antwort auf die Frage des Parlaments über seine Absichten. Das Parlament fing an, dies als den Wunsch, die Insel zu okkupieren, aufzufassen, und liess seine Gesandten bei der »Groote Vergadering« darüber Klage führen. Dieselbe erklärte, dass sie keine weitere Absicht hätte als die Zurechtweisung des Gouverneurs der Insel [2]). Aber solches Verfahren erschütterte bedeutend die Verbrüderungsstimmung der Engländer.

Das Parlament beschloss nun die Gesandten zurückzurufen, aber es hiess sie die Erklärung abgeben, dass es damit nicht die

---

1) *Aitzema*, III. D., S. 658.
2) *Wicquefort*, II, S. 397—398. *Résol. des États-Généraux, 20. Avril 1651.*

Verhandlungen abbrechen wolle, sondern dieselben noch in England fortsetzen würde, wenn die niederländische Regierung eine Gesandtschaft dahin abschicken würde, jedenfalls könnte es seine Gesandten im Haag mitten unter den öffentlichen Beleidigungen nicht ohne Schädigung seiner Würde verweilen lassen [1]). Die niederländischen Bevollmächtigten erkannten die Berechtigung der Klage der Gesandten über die Beleidigungen, welche Prinz Eduard und die andern ihnen zugefügt hatten, an, schrieben die Langsamkeit der Verhandlungen der Natur ihrer Verfassung zu und baten jene, das Werk, welches sie angefangen hatten, doch zu Ende zu bringen, bevor sie abreisten. Aber die Gesandten erklärten, sie könnten es nicht, sie hätten keine Befugnis mehr, weiter zu verhandeln. Sie wollten aber dadurch weder die Verhandlung überhaupt abbrechen noch nachteilige Mitteilungen darüber machen [2]).

Durch die Bemühung von Holland wurde in der »Groote Vergadering« beschlossen, den Engländern vorzuschlagen, dass man auf der Grundlage jenes Vertrags von 1495 (1496) in Angelegenheiten des Perkin Warbeck einen neuen mit Anpassung an die gegenwärtigen Zustände schliessen solle, und hierzu seien die Gesandten ersucht, länger zu bleiben [3]). Aber dieselben waren unerschütterlich und blieben fest bei dem Entschluss abzureisen [4]). Doch willigten sie ein, zu warten, bis die holländischen Stände ihrem provinziellen Bevollmächtigten in England, G. Schaap, geschrieben und das Parlament gebeten hätten, seinen Gesandten längeren Aufenthalt zu gestatten, um über den obenerwähnten Vorschlag zu verhandeln.

Die Stuarts und Oranier jubelten, als sie von der Zurückberufung der Gesandten hörten. Die Prinzessin-Witwe von Oranien und der Herzog von York fuhren täglich mit grossem Gefolge an der Wohnung der Gesandten vorbei und blickten verächtlich empor, als ob sie über den Ausgang der Sache

---

1) *Aitzema*, III, S. 659.
2) *Wicquefort*, II, S. 406—408. *Résol. des États de Hollande etc.*, *1. Mai 1651*.
3) Ibid. S. 404—406. *Résol. des États-Généraux, 2. Mai 1651*.
4) Ibid. S. 408. *Résol. des États de Hollande etc., 3. Mai 1651*.

triumphierten. Und es war auch ein Gerücht, dass die Royalisten in Rotterdam eine Verschwörung gemacht hätten, die Gesandten zu ermorden. Auf diese Nachricht hin schlugen die Deputierten von Holland in der »Groote Vergadering« vor, die Prinzessin und den Herzog zu nötigen, während der Verhandlungen die Stadt zu verlassen. Der Vorschlag wurde dahin modifiziert, dass man diese Herrschaften ebenso wie die ehemalige Königin von Böhmen bitten wolle, ihre Diener in Ordnung zu halten[1]).

Indessen hatte das Parlament Schaaps Bitte um längeren Aufenthalt der Gesandten im Haag angenommen und ihnen noch für bestimmte Zeit zu bleiben gestattet, vorausgesetzt, dass die niederländische Regierung für die Beleidigung, welche die Gesandten erfahren hatten, volle Genugthuung geben würde. Die aristokratische Partei zeigte grosse Freude darüber und die holländischen Stände besuchten mit den Deputierten von Seeland in corpore die Gesandten um ihnen ihre Freude darüber auszudrücken. Dieselben wurden auch vorher nach Amsterdam eingeladen und von den Magistraten der Stadt mit grosser Aufmerksamkeit behandelt. Und nun wurde Prinz Eduard vom Justizhof mit Glockenläuten vorgeladen. Ein oranischer Lakai wurde gegeisselt, ein anderer verbannt.

Die englischen Gesandten schlugen nun am $\frac{20.}{10.}$ Mai sieben Artikel vor. Der erste von diesen ist der gleiche wie der zuletzt von ihnen vorgeschlagene Artikel, nämlich dass die zwei Republiken mit einander verbunden sein sollen gegen diejenigen, welche auf dem Meer oder auf dem Lande die Ruhe der beiden stören, und gegen diejenigen, welche die erklärten Feinde der Freiheit von einer der beiden seien. Die sechs anderen Artikel waren Erläuterungen und Detaillierungen des ersten. Jede Republik solle nicht allein den erklärten Feinden der andern keine Hilfe leisten, welcher Art sie auch sein möge, sondern alle solche Hilfeleistungen in ihrem Gebiete verhindern. Jede solle der andern auf ihr Verlangen und zwar auf Kosten derselben Hilfe leisten. Ferner sollen erklärte Feinde der einen nicht im Gebiete der an-

[1]) *Aitzema*, III, S. 659.

dern geduldet werden. Der Prinz von Oranien, sowie die Prinzessin-Wittwe, seine Mutter, sollen jegliche Hilfeleistung für die erklärten Feinde des Parlaments mit Konfiskation aller ihrer Güter büssen [1]). Diese Vorschläge sind selbstverständlich gegen die Stuarts und Oranier gerichtet. Die Royalisten müssen danach die Niederlande räumen, welche sie bisher zur Basis ihres Wirkens gehabt hatten, und können in diesem Land keine Hilfsquellen mehr erwarten. Nicht allein können die Oranier keine Stütze mehr gewähren, sondern sie müssen auch gegen die englische Republik kämpfen, wenn sie wieder zu einer Gewaltthat gegen die aristokratische Partei schreiten wollen.

Andererseits findet man in diesen Artikeln kein Wort, welches an sich Koalitionsabsichten beweisen könnte. *Im Gegenteil wären solche Bestimmungen überflüssig, wenn man an der Koalitionsidee festgehalten hätte, denn der durch Koalition der beiden gebildete Staat muss ja selbstverständlich gegen die zwei Häuser und ihre Anhänger ebensowie gegen äussere Feinde handeln.* Die Gesandten hatten alle Antworten der niederländischen Regierung auf den von ihnen in der ersten Konferenz geäusserten Vorschlag einer näheren Union als unbefriedigend zurückgewiesen — ein weiteres Zeichen dafür, dass das Parlament ursprünglich eine engere Vereinigung wünschte, als sie in diesen sieben Artikeln lag. Denn jene letzte Antwort der Niederländer konnte, wenn England von Anfang an nur die obigen Artikeln zu Grunde liegenden Absichten hatte, als eine vollständig genügende erscheinen. Also muss man annehmen, dass hier in den Verhandlungen ein grosser Wendepunkt in der Gesinnung des Parlaments vorhanden ist. Dasselbe hatte für jetzt wenigstens es zu schwer gefunden, die Koalition durchzuführen, und wollte sich einstweilen mit einem engen Defensivbündnis, welches zur Zeit eine dringende Notwendigkeit war, begnügen.

Für die aristokratische Partei wären diese Vorschläge sehr annehmbar gewesen, wenn nicht ihre thatsächliche Konsequenz für sie die Verwicklung in den Krieg mit Schottland bedeutet

---

[1] *Wicquefort*, Tom. II, S. 410—414. *Résol. des États-Généraux*, 21. Mai 1651. — *Thurloe*, Statespapers. Vol. I, S. 182-183.

hätte. Der Friede war ihre Maxime und deswegen hauptsächlich hatten sie jeden Schritt der Oranier, feindselig gegen das Parlament zu handeln, durchkreuzt, und so wollten sie nicht ihm zu lieb eine Störung desselben veranlassen. Aber sie wollten doch mit ihm einen Vertrag schliessen, der ihnen grosse Vorteile im Handel zu gewähren vermochte. Sie beachteten deshalb den Versuch Macdowells, des Gesandten des Königs Karl, sie zum Abbruch der Verhandlung zu bewegen, nicht [1]). Es wurden sechsunddreissig Artikel auf der Grundlage des Vertrags von 1496 verfasst und in der »Groote Vergadering« vorgelegt, aber die Beratschlagungen und Widersprüche unter den Provinzen mit alle den üblen Konsequenzen der niederländischen Verfassung zogen die Sache unendlich in die Länge [2]). Vergebens machten die Gesandten bei der niederländischen Regierung die Vorstellung, dass die Zeit ihres Aufenthalts sehr beschränkt sei, und sie doch vor dem Ablauf derselben die Verhandlung schnell zum Ende bringen möchten [3]). Ein ganzer Monat verlief, ohne dass sie irgend eine bestimmte Antwort auf ihre Vorschläge bekommen hatten. Die Gesandten schrieben an den Staatsrat, dass wenig Aussicht vorhanden wäre, dass die Niederländer, was sie bei ihrer Zurückberufung hätten hoffen lassen, erfüllen würden [4]). In einem Briefe an den Staatsratssekretär W. Forst sagt J. Thurloe, der die Gesandten als Schreiber begleitet hatte: »Diese Niederländer haben von den Schotten und Franzosen die Kunst gelernt, viele grosse Erklärungen in solcher Weise, dass man ihnen glaube, zu machen, wovon sie aber nur, was für sie vorteilhaft ist, zu erfüllen die Absicht haben« [5]).

Endlich in der Konferenz vom $\frac{4}{14}$ Juni wurden die sechsunddreissig Artikel in ihrer letzten Gestalt den Gesandten überreicht [6]). Der erste Artikel war fast gleich wie der von den Ge-

---

1) *Wicquefort*, Tom. II, Text S. 292.
2) *Aitzema*, III, D., S. 662.
3) *Thurloe*, I, S. 187.
4) Ibid.
5) Ibid. I, S. 186.
6) Diese Artikel finden sich in ihrer unveränderten Gestalt in *Aitzema*, III, D., S. 695—698.

sandten im Anfang der Verhandlungen vorgeschlagene, mit ebenso warmen Ausdrücken, aber die inneren Absichten waren weit verschieden. Dieser war auf der Idee der Zusammenschmelzung der zwei Staaten in einen Bundesstaat begründet, jener nur auf dem gewöhnlichen Bündnis, in welchem die Niederländer den Löwenanteil an den Vorteilen gehabt hätten. Jeder Staat solle nach den obigen sechsunddreissig Artikeln den erklärten Feinden des andern nicht allein keine Hülfe leisten, sondern solche Hilfeleistungen verhindern, ja auf Verlangen gegen die Feinde mit Kriegsmacht Beistand leisten. Jedes Volk solle im Handel, in der Schiffahrt und der Fischerei vollständige Freiheit in dem Gebiete der andern geniessen, ohne Pass, Zoll und dergleichen Erfordernisse. Ausserdem waren noch viele Bedingungen, welche hauptsächlich für die Niederländer vorteilhaft waren, darin enthalten. Endlich sollen alle anderen Verträge zwischen einer der beiden Republiken und anderen Staaten in voller Kraft bleiben, ohne durch den vorliegenden Vertrag etwa berührt zu werden. Also fehlt in diesen Artikeln jenes Verbot, wodurch die erklärten Feinde einer der Republik nicht im Gebiete der andern bleiben durften. Auch war keine Bestimmung darüber getroffen, wie man dem Prinzen von Oranien und seiner Mutter gegenüber verfahren solle, falls sie den Stuarts Hilfe leisteten. Mehr noch, die niederländische Regierung hielt sich durch jene Artikel nicht verpflichtet, sich in einen Krieg gegen Schottland einzulassen, wie sie sich in ihrem Beschluss in der »Groote Vergadering« vom 23. Juni darüber aussprach [1]).

Die englischen Gesandten hielten den niederländischen Bevollmächtigen den grossen Unterschied zwischen ihren Vorschlägen und den sechsunddreissig Artikeln vor. Sie sagten, die letzteren stimmten gar nicht mit dem alten Vertrag von 1495 (1496) überein; auch seien die Schiffe des Parlaments, die sie nach England zurückführen sollten, schon gekommen; und die Zeit, welche das Parlament für ihren Aufenthalt bestimmt habe, schon beinahe abgelaufen. Deshalb müssen sie nun auf die von

---

[1]) *Wicquefort*, Tom. II, S. 414—415. *Résol. des États-Généraux, 23. Juin 1651.*

ihnen vorgeschlagenen 7 Artikel, in denen sie keineswegs nachgeben können, eine schnelle und deutliche Antwort erhalten. Zwei Tage später ($\frac{26.}{16.}$ Juli) forderten sie die »Groote Vergadering« schriftlich noch einmal dringend dazu auf und erklärten ferner, dass, wenn Ihre Hoch Mögenden auf diese Punkte eingingen, sie den Auftrag hätten, *eine Eröffnung über Sachen von noch grösserer und höherer Bedeutung für die Interessen beider Republiken zu machen* [1]). Diese letzteren Worte beziehen sich höchstwahrscheinlich auf die Koalition der beiden Staaten.

Man beratschlagte in der »Groote Vergadering« über die geeignete Antwort, jedoch ohne zu einem bestimmten Beschluss zu kommen. Da baten die Gesandten am 28ten, ihnen die Abschiedsaudienz am 30ten zu erteilen, welches der letzte vom Parlament bestimmte Tag ihres Aufenthaltes war [2]). Am 29ten war noch eine Konferenz, wo die niederländischen Bevollmächtigten den Gesandten die Antwort ihrer Herrn mitteilten, worin einige kleine Aenderungen und Konzessionen gemacht wurden; aber die Gesandten fanden mit Recht, dass dieselben ihren Vorschlägen entweder auswichen oder in ihren Worten andeuteten, dass sie keineswegs die erklärten Feinde von England aus ihrem Gebiet verbannen oder mit ihnen in Krieg eintreten würden.

Die Gesandten schlugen nun vor, zusammen mit den Bevollmächtigten den alten Vertrag von 1495 (1496) zu untersuchen und einen provisorischen Vertrag zu stande zu bringen, welcher sogleich in Kraft treten solle, bis man noch einen weiteren Vertrag vereinbare, wodurch die Verbesserung des ältesten Bündnisses, die Feststellung der Streitfragen in Handelssachen und *die Begründung einer noch engeren Vereinigung* erreicht würde [3]). Ohne auf diesen Vorschlag direkte Antwort zu geben, bat die »Groote Vergadering« am 30. die Gesandten, etwas länger zu bleiben. Da sie aber dabei keine Konzession in Aussicht stellte, waren

---
1) *Thurloe*, Vol. I, S. 188—189.
2) *Wicquefort*, II, S. 419. *Résol. des Etats-Généraux 30. Juin 1651.*
3) *Wicquefort*, II, S. 424—426. *Résol. des Etats-Généraux.* — *Thurloe*, I, S. 190—191.

die Gesandten entschlossen, die Abschiedsaudienz bei ihr zu nehmen. Dies geschah wirklich an demselben Nachmittag; die Gesandten machten nur kurze gewöhnliche Höflichkeitsbemerkungen [1]).

Sie überreichten damals ein langes Schriftstück, worin die Klage enthalten war über die Erbeutung eines englischen Schiffs von Seiten des niederländischen Admirals de With im Jahre 1648, und über den Rückstand des Soldes für diejenigen englischen Offiziere, die im niederländischen Dienst waren [2]). Man darf wohl sagen, dass diese Forderungen im Verhältnisse mit dem, was die englische Regierung nachher verlangte, erstaunlich bescheiden waren, und von den Niederländern leicht erfüllt werden konnten. Der niederländische Staat empfahl auch seinerseits zum letzten Male die Bezahlung der Pension an die Königin-Wittwe von Böhmen, die seit ihrer Flucht in die Niederlande dieselbe von König Jacob I., ihrem Vater, und Karl I., ihrem Bruder, bis zur Zeit des Ausbruchs des Bürgerkriegs in England erhalten und nun die niederländische Regierung um die Vermittlung für Fortsetzung derselben von Seiten des Parlaments ersucht hatte.

Die »Groote Vergadering« versuchte mit allerlei Aufmerksamkeiten die Unzufriedenheit der Gesandten zu mildern und unter anderem schenkte sie ihnen je einen goldenen Teller im Werte von 10000 Gulden und jedem Sekretär eine goldene Kette im Werte von 800 Gulden, was sie aber einstimmig zurückwiesen. An dem auf die Audienz folgenden Tage, 1. Juni, reisten sie ab und wurden mit fünf Kriegsschiffen nach England eskortiert.

Dass das Parlament in dieser Verhandlung eigentlich die Koalitionsidee im Auge gehabt, wird von *Clarendon*, *Aitzema*, *Wicquefort*, *Wagenaar*, *Le Clerc*, *Hume* und neuerdings von *P. Simon* und *Lefèvre-Pontalis* angenommen. Aber merkwürdigerweise geben sie darüber weder einen urkundlichen Beweis noch irgend eine andere Begründung für ihre Behauptung. *Wagenaar* sagt

---

1) *Wicquefort*, II, S. 428. *Résol. des Etats-Généraux*, 30. Juin 1651.
2) *Aitzema*, III, S. 663

schlechthin, dass »door den tyd, is egter gebleeken, dat men, in Engeland, verstondt, de twee Staaten tot één samen te smelten« [1]). Ich bedaure, dass die Urkunde von dem ursprünglichen Auftrag des Parlaments an die Gesandten, welche das einzige Mittel, die Sache ins klare Licht zu stellen, bildet, mir unzugänglich ist, wenn sie überhaupt noch existiert, aber im Obigen hoffe ich diesen Punkt mit ziemlich grosser Wahrscheinlichkeit.

Als die englische Republik sah, welche Schwierigkeiten ihrem Plan im Wege standen, wollte sie einstweilen nur den dringend notwendigen provisorischen Vertrag zu stande bringen. Aber selbst dieser Versuch scheiterte; denn wie sehr auch die aristokratische Partei den Wunsch hegen mochte, ihre Gegner niederzudrücken, so waren doch die Oranier noch zu stark und zu populär. Sie will also »moderata consilia« anwenden, wie *Aitzema* es ausspricht, während die englischen Republikaner nichts als »Immoderata« wollten.

St. John und Strickland erstatteten bei ihrer Rückkehr einen genauen Bericht über ihre Verhandlungen im Haag, welche natürlich für die niederländische Regierung nicht allzugünstig dargestellt wurden. Man muss bedenken, dass die Engländer schon sehr viele Gründe zu Klagen gegen die Niederländer hatten. Die Angelegenheiten von Amboina, Poleroon, Jakatra und die andern ostindischen Fragen waren noch gar nicht ins Reine gebracht. Die Fischerei an der brittischen Küste wurde immer noch von den Niederländern monopolisiert. Der russische Handel der Engländer wurde ebenfalls von den Niederländern weggenommen. Der Vertrag, welchen die Niederländer mit Dänemark geschlossen hatten, gewährte denselben das volle Handelsmonopol im Baltischen Meer, denn sie bekamen dadurch allein alle Privilegien und Freiheiten in den Sunden, welche in einem Artikel des Vertrags den anderen Nationen besonders untersagt waren [2]); es war dies ein grosser Schlag für den englischen Handel. Mehr noch, die niederländische

---
1) *Wagenaar*, Vaderlandsche Historie, Bd. XII, S. 208.
2) *Aitzema*, III, S. 335—337.

Regierung hatte kurz vorher die Einfuhr fertiger gefärbter Wolltücher, Samte und Kirseys verboten, eine Bestimmung, welche hauptsächlich Engländer betraf [1]). Dazu kamen auch die schmähliche Behandlung von Strickland durch die Generalstaaten, der unbestrafte Mord von Doreslaar, die Duldung von allerlei Hilfeleistungen für die Stuarts und die Misshandlung der zwei letzten Gesandten durch das Volk. Gegen alles dies hatte das Parlament noch gar nicht oder mit wenig Energie einzuschreiten vermocht, weil es auf die Verwirklichung der phantastischen Idee einer Koalition hoffte. Nun war nicht einmal diese, sondern auch das provisorische enge Bündnis gescheitert. Sollte man weiter geduldig sein? Wenn man keine solche ausserordentlich enge Union haben konnte, so musste man sein eigenes, spezielles Interesse verteidigen. *Wenn man mit den Niederländern nicht wie eine Nation vereinigt sein konnte, so musste man mit ihnen energisch rivalisieren, womöglich sie besiegen.*

Diese Stimmung zeigte sich bald in zwei Massregeln, welche das Parlament traf. Die eine war jene berühmte Navigationsakte, the act for the increase of shipping and trade. Hiernach konnten alle Produkte der aussereuropäischen Länder nur durch brittische Schiffe und brittische Unterthanen, und alle europäischen Waren nur durch brittische Schiffe oder Schiffe desjenigen Landes, wo die betreffenden Waren produziert wurden, in die brittischen Gebiete eingeführt werden. Ferner durften keine Fremde im brittischen Meere fischen und die dort befindlichen Fischarten ebenso wie ihre Produkte durften ebenfalls nicht von fremden Schiffen in England eingeführt werden. Jede Verletzung dieses Verbots sollte mit der Konfiskation des betreffenden Schiffes bestraft werden [2]). Selbstverständlich war diese Akte ein Faustschlag ins Gesicht der Niederländer, denn die Niederländer hatten der Natur des Landes gemäss wenig eigene Produkte; die Hauptquellen ihres grossen Reichtums waren Gewerbe, Handel und Fischerei, welche

---

1) *Aitzema*, III, S. 638.
2) Ibid. III, S. 667—668.

jetzt durch die Akte von dem englischen Gebiet, wo sie die grösste Kundschaft hatten, gänzlich ausgeschlossen wurden.

Die zweite Massregel war noch feindseliger in ihrem Charakter, nämlich Repressalien für den Schaden von £ 20,970, welchen, wie England behauptete, der niederländische Staat früher den englischen Kaufleuten Robert und William Pavelet zugefügt haben sollte. Die Nachkommen von Pavelet bekamen hiermit die Erlaubnis des Parlaments, alle Schiffe und Güter der niederländischen Unterthanen zu berauben, ja es wurden sogar von der Admiralität zwei Kriegsschiffe zu diesem Zweck gerüstet, welche in kurzer Zeit den Niederländern ungemeinen Schaden zufügten.

Schon bei der Abreise von St. John und Strickland schlug man in der ›Groote Vergadering‹ vor, eine Gesandtschaft nach England zu schicken, um die unterbrochene Verhandlung fortzusetzen. Aber mit jener charakteristischen Langsamkeit des niederländischen Staatsgeschäfts wurde lange Zeit gar nichts beschlossen. Die ausserordentliche ›Groote Vergadering‹ tagte endlich im August und die ordentlichen Generalstaaten begannen ihre Sitzung. Endlich im Oktober wurden Jakob Cats und Gerard Schaap aus Holland, und Paulus van de Perre aus Seeland zu ausserordentlichen Gesandten ernannt, um in London einen Vertrag auf der Basis der sechsunddreissig Artikel zu schliessen. Joachimi, der so lange in England als ordentlicher Gesandter gewesen war, wurde auch vorgeschlagen, aber seine Wahl wurde wegen seines hohen Alters abgewiesen [1]. Es dauerte jedoch wiederum zwei Monate bis zu ihrer Abreise!

Am 20. Dezember 1651 verliessen die Gesandten endlich den Haag. Am 27. wurden sie nach London geführt und vom Parlament sehr gut empfangen. Am 29. hatten sie Audienz bei diesem Staatskörper, wobei Cats eine lange Rede hielt über den Wunsch seiner Regierung, die im Haag unterbrochene Verhandlung fortzusetzen, jedoch in allgemeinen Worten [2]. Die Lage der Gesandten war sehr peinlich, da die Repressalien in voller Wirkung waren und sie

---

1) *Aitzema*, III, S. 699.
2) Journal of House of Commons, Vol. VII, S. 53—54.

täglich Klage wegen der infolge derselben konfiszierten Schiffe anhören mussten. Auch fing das englische Volk an, grossen Widerwillen gegen die Niederländer zu zeigen; neue Erzählungen vom »Amboina Mord« wurden gedruckt und vermehrten seine bitteren Gefühle.

Am 11. Januar 1652 hatten die Gesandten Audienz bei dem Staatsrate und verlangten die Zurückgabe der genommenen Schiffe ebenso wie die Aufhebung der Navigationsakte und des Repressalienbriefes. Am nächsten Tage drängten die Gesandten auf schnelle Antwort, aber einige Zeit verlief ohne irgend eine Mitteilung vom Staatsrate. Endlich am 22. erklärte er, dass die Admiralität das Recht habe, alle genommenen niederländischen Schiffe zu konfiszieren, was schnell darauf erfolgte [1]).

Nun wurden sechs Bevollmächtigte aus dem Staatsrat ernannt, um mit den niederländischen Gesandten zu verhandeln und inzwischen wurden die Repressalien suspendiert. Die Gesandten wiederholten ihr Verlangen einer Entschädigung und Zurückgabe der gefangenen Schiffe. Am 19. Februar bekamen sie die Antwort des Staatsrates, worin derselbe seine Neigung offenbarte, die unterbrochene Verhandlung im Haag jetzt fortzusetzen, aber er erklärte deutlich, dass er genug Gründe für seine Navigationsakte und seine Repressalien hätte, und wollte keineswegs diese aufheben noch für konfiszierte niederländische Schiffe Entschädigung geben [2]).

Die Gesandten gaben nun einstweilen diesen Punkt auf und überreichten am 21. Februar dem Staatsrate die Sechsunddreissig Artikel und gleichzeitig auch die Mitteilung, dass Ihre Hoch Mögenden beabsichtigten, 150 neue Kriegsschiffe auszurüsten, nicht um etwa gegen irgend eine Macht, viel weniger gegen England, etwas zu unternehmen, sondern bloss für die Erhaltung ihrer freien Schiffahrt. Diese Mitteilung klang den Engländern wie eine Drohung und verursachte bei ihnen nicht geringe Erbitterung. Und sie hatten Recht; denn diese scheinbar freundliche Mitteilung war in Wirklichkeit eine Drohung [3]).

---

1) *Aitzema*, III, S. 701. 2) *Aitzema*, III, S. 702.
3) Archive de la Maison d'Orange-Nassau, 2. serie, Tom. V, S. 68—69. *M. de Sommerdyck an comte Guillaume Frédéric de Nassau. 27. Févr. 1652.*

Nun brachten die englischen Bevollmächtigten ihrerseits die Forderungen vor, welche ihre Regierung an die niederländische stellte. Diese waren die Bezahlung des rückständigen Tributs für die Fischerei an den brittischen Küsten, Abtretung der Gewürzinseln an England, die Bestrafung derjenigen, welche die Grausamkeiten zu Amboina und Banda begangen hatten, so weit sie noch am Leben wären, Genugthuung für die Ermordung von Doreslaar, und Ersatz des Schadens, welchen England von den Niederländern in Russland, Grönland, Ostindien etc. erlitten hatte. Von diesen Punkten war bis jetzt nur die Bestrafung der Mörder von Doreslaar verlangt worden. Es ist leicht zu sehen, dass das Parlament nun entschlossen war, mit diesen grossen Forderungen die Niederländer zu demütigen und ihnen zu zeigen, dass es seine eigenen Interessen einer Verbindung zu liebe, welche seinem Koalitionsplan ganz ferne stand und schliesslich Nichts bedeutete, nicht opfern wolle.

Ueberdies war die Idee der Koalition unter den äusserst radikalen Independenten entstanden. Es gab aber eine gemässigte Partei im Parlament, welche mehr einen Bruch mit den Niederländern wünschte, da sie in diesem Falle der Marine grössere Unterstützung zu verleihen und dadurch die steigende Macht der radikalgeneigten Armee, mit Cromwell an der Spitze, im Zaume zu halten hoffte. Für diese war es also vorteilhafter, möglichst grosse Forderungen an die Niederlande zu stellen.

Die niederländischen Gesandten baten die englische Regierung, ihre Eröffnung über die vorgeschlagenen sechsunddreissig Artikel zu machen, aber diese erklärte, sie könne das erst thun, wenn sie eine befriedigende Antwort auf ihre Forderungen bekommen hätte. Der Streit über diesen Punkt dauerte ungemein lang und zwei Monate verliefen, ohne dass irgend etwas erreicht wurde. Endlich am 13. Mai zeigte sich die englische Regierung etwas nachgiebiger und erklärte sich bereit, ihre Bevollmächtigten mit den niederländischen Gesandten die sechsunddreissig Artikel untersuchen zu lassen, bis sie die Antwort auf ihre Forderungen von den General-Staaten bekommen werde. Dies geschah sogleich und in einigen Konferenzen war die Untersuchung und Vergleichung der Ansichten von beiden Teilen bald zum Ende gebracht. Wenn man die Erfolge dieser Konferenz untersucht, so findet man die interessante Thatsache, dass die Engländer jetzt in Bezug auf die Massregeln gegen die Stuarts nicht viel mehr verlangten, als das, was die Niederlande anboten, während früher St. John damit gar nicht zufrieden war. Dagegen aber waren sie nicht geneigt, ihre eigenen Interessen durch Gestattung freier Fahrt, freien Handels und freier Fischerei, welche die Niederländer wünschten, preiszugeben. *Diese Freiheiten waren sie bereit, ihnen unter der Bedingung der Koalition zu gewähren, aber sie wollten keineswegs ihre eigenen nationalen Interessen vernachlässigen, wenn die zwei Nationen nur ein gewöhnliches Bündnis schliessen sollten.*

Doch war diese Verhandlung schon in vollen Lauf gekommen und die beiden Parteien hätten allmählich zur Einigung kommen können. Die Gesandten hatten sogar schon den Auftrag von den Generalstaaten, zu sehen, ob England nicht geneigt wäre, mit ihnen ein Bündnis gegen Portugal zu schliessen. Am 29. wurde eine Konferenz gehalten, worin die Gesandten die Urkunden in Bezug auf die ostindische Streitfrage vorlegten. Aber an demselben Tage fand jener unglückliche Zusammenstoss zwischen der niederländischen Flotte unter Tromp und der englischen unter Blake bei Dover statt.

Wer hieran am meisten Schuld hatte, ist eine alte Streitfrage, welche immer noch nicht befriedigend gelöst ist. Ich habe diesen Punkt nicht näher untersucht. Die Berichte von beiden Seiten widersprechen sich vollständig. Nach der englischen Erzählung soll Tromp direkt auf die englischen Schiffe zugefahren sein, ohne die Flagge zu streichen, was alle niederländischen Schiffe nach altem Brauche vor den englischen Kriegsschiffen thun mussten. Hierauf soll Blake drei Kanonenschüsse abgegeben haben, um Tromp zu ermahnen, aber nach dem dritten Schuss soll derselbe durch die englische Fahne geschossen und gleich darauf eine volle Salve abgegeben haben, was Blake nötigte, sofort ins Gefecht einzutreten. Die niederländischen Urkunden erklären andererseits, dass Tromp alle Segel eingenommen, ausser den beiden Marssegeln, welche er bis zum Halbmast herabliess. Blake aber soll auf ihn gleich drei Salven abgegeben haben, worauf Tromp auch seinerseits antworten musste. Tromp war ein Freund des Hauses Oranien und infolge davon gegen das Parlament nicht freundlich gesinnt, und das Streichen der Flagge vor einem fremden Schiffe musste allerdings für einen tapferen, begeisterten Admiral nicht gerade angenehm sein. Ueberdies scheint er von der niederländischen Admiralität keinen Auftrag bekommen zu haben, ausser dass er darauf bedacht sein solle, dem Staat keine Demütigung widerfahren zu lassen[1]). Diesen undeutlichen Auftrag konnte Tromp leicht in dem Sinne verstehen, welcher ihm am angenehmsten erschien. Er hatte zwar die Marssegel bis zum Halbmast niedergelassen, aber das war noch nicht das Streichen der Flagge, welches der englische Admiral erwartete. Blake, ebenso erfüllt von Nationalstolz wie von der Bitterkeit und Eifersucht gegen die Niederlande, die man in England allgemein fühlte, konnte dies als Beleidigung betrachten. Die beiden Befehlshaber konnten sich durch diese Stimmung leicht zum Gefecht verleiten lassen und die Frage, wer die meiste Schuld hatte, ist hier nicht so wichtig. Sie stellen eben den Neid und Hass dar, welcher zwischen den zwei Völkern aus weit zurückgehenden Gründen jetzt allmählich immer heftiger geworden war. Das Gefecht war Zufall, die Gründe zum Bruche zwischen beiden Nationen waren schon vorhanden. Sie haben einmal versucht, sich miteinander völlig zu vereinigen. Der Versuch scheiterte, und so musste die Kampflust zwischen ihnen ausbrechen, die ja vollständig gleiche Interessen und damit die schärfste Konkurrenz mit einander hatten. Die zwei Republiken mussten jetzt ihre Kraft aneinander messen.

Die Nachricht von diesem Treffen erreichte London am nächsten Tage und erregte dort allgemeinen Schrecken und Entrüstung. Seit jener Scillyinsel-Angelegenheit fing man in

---
1) *Aitzema*, III, S. 731.

England an zu fürchten, dass der niederländische Staat beabsichtige, die allmählich steigende Macht der neuen englischen Republik mit Gewalt niederzudrucken. Die Mitteilung der Vermehrung seiner Flotte hatte dazu gedient, diese Furcht zu steigern, und nun betrachtete man das jüngste Gefecht als direkten Angriff.

Das Parlament beschloss mit grosser Energie, eine starke Flotte zu rüsten und zog zu diesem Zwecke auch viele Kauffahrteischiffe in seinen Dienst. Es beauftragte Blake, wieder auf die hohe See zu gehen und liess Cromwell mit einer Truppe nach der Grafschaft Kent eilen, um dort gegen feindliche Landungsversuche die nötigen Vorbereitungen zu treffen. Gleichzeitig liess es von neuem alle niederländischen Schiffe abfangen, wodurch es den Niederländern grosse Verluste beibrachte. Es stellte auch eine Wache vor die Wohnung der niederländischen Gesandten, unter dem Vorwande, sie gegen den entrüsteten Pöbel zu schützen, aber in Wahrheit, um sie von allem Verkehr mit intriguierenden Engländern abzuschliessen [1]). Kurz, das Parlament scheint damals das grösste Misstrauen gegen die Niederländer gehegt zu haben.

Die niederländischen Gesandten versuchten am 3. Juni schriftlich das Parlament zu überzeugen, dass die Generalstaaten niemals eine feindliche Absicht gegen England gehabt, dass man den unglücklichen Zufall friedlich zusammen untersuchen, und die Verhandlungen indessen ruhig fortsetzen möchte. Da sie darauf keine Antwort bekamen, mussten sie noch zweimal Schriften des gleichen Inhaltes, nebst den das Gefecht betreffenden Urkunden, überreichen. Endlich nach zwei Wochen übergab der Staatsrat ihnen auch seinerseits die Urkunden, welche mit den niederländischen in direktem Widerspruch standen, mit einer schriftlichen Erklärung, dass die Angaben der niederländischen Regierung und die Thaten ihrer Unterthanen sich so sehr widersprechen, dass das Parlament sein Misstrauen nicht aufgeben könne, deshalb

---

1) Journal of House of Commons, Vol. VII, S. 134, 135, 136 — *Wicquefort*, II, Text, S. 320.

musse es völlige Genugthuung für die letzte Beleidigung, die es durch Tromp erlitten, bekommen [1]).

In den Niederlanden wurde die Nachricht vom Gefechte von den Oraniern und den dort wohnenden Stuarts mit grosser Freude begrüsst. Nun müsse, behaupteten sie, der Krieg zwischen beiden Staaten endlich zum Ausbruch kommen; infolge davon könnte die Macht der Parteien wechseln, der junge Prinz von Oranien zum Statthalter und Kapitän-General ernannt und für die Stuarts wirksame Unterstützung geleistet werden. Die aristokratische Partei dagegen befand sich in der äussersten Angst. Sie sah die Gefahr ihrer Lage und erkannte auch wohl die grossen Schäden, welche ihr Handel, ihr höchstes Ziel, durch den Krieg erleiden konnte. Man beschloss also, schleunigst einen ausserordentlichen Gesandten nach England zu schicken, um den Bruch doch zu verhindern, und ernannte dazu am 13. Juni Adrian Pauw van Heemstede, den Ratspensionär von Holland. Gleichzeitig beauftragten die Generalstaaten den Admiral Tromp, vor den englischen Kriegsschiffen, die er treffe, die Flagge zu streichen, sie keineswegs anzugreifen, sich nur zu verteidigen, die Schiffe, die er dabei nehmen könnte, zur Admiralität zu schicken und die Gefangenen gut zu behandeln [2]).

In seiner Eile versäumte Heemstede das Beglaubigungsschreiben seiner Regierung mitzunehmen, was anfangs einige Schwierigkeiten bereitete. Aber die Versicherung der drei andern Gesandten, dass sie sich für die genaue Durchführung von allem, was mit Heemsteede verhandelt werden würde, verpflichteten, befriedigte doch die englische Regierung und die Konferenz begann. Heemstede meinte, was bei Dover geschehen, sei nur ein persönlicher Streit und man könne beiderseits eine Kommission ernennen, durch welche die Sache genau untersucht werden könnte, und das Abfangen der niederländischen Schiffe möchte inzwischen aufgegeben werden. Aber die Erwiderung des Staatsrats war sehr schroff. Er wolle nicht von der Antwort abweichen, welche er vor-

---

1) *Aitzema*, III, S. 712—713.   2) *Wicquefort*, II, Text S. 321—332.

her den drei Gesandten gegeben hatte. Die englische Republik müsse nach dem letzten Attentat auf ihre Ehre ihre Lage für sehr gefährdet erachten. Sie könne sich nicht während einer langen Untersuchung blossstellen. Deshalb weise sie den Vorschlag gänzlich zurück.

Mit den innigsten Ausdrücken versuchte Heemstede, die englische Regierung von der freundlichen Gesinnung seiner Herrn zu überzeugen, und bat dieselbe, ihm zu erklären, was sie schliesslich verlangen wolle, wenn sie seinen jetzigen Vorschlag verwerfe. Hierauf brachte der Staatsrat am 25. drei Bedingungen vor: 1) Die General-Staaten sollen für den Schaden, welchen ihre Flotte im letzten Treffen verursacht habe, Ersatz leisten; 2) Erst nach der Leistung des Ersatzes sollen alle Feindseligkeiten aufhören und die englische Regierung werde dann die genommenen niederländischen Schiffe zurückgeben; 3) *Als Sicherheit für die Zukunft solle ein enges Bündnis für die Interessen der beiden Nationen zu stande gebracht werden, wozu das Parlament die besten Mittel vorschlagen werde.*

Heemstede erklärte, dass die Niederlande auch ihrerseits durch das Abfangen ihrer Schiffe seit dem Gefechte ebensowie durch die Repressalien grossen Schaden erlitten hätten, ja wenn man diesen Schaden mit dem der Engländer vergleiche, so sei er wahrscheinlich viel grösser. Wie das auch sein möge, jedenfalls könne man darüber genaue Rechnung anstellen und man müsse hiebei in den Ansprüchen möglichst bescheiden sein, damit es nicht unmöglich würde, sie gegenseitig zu befriedigen. Was das engere Bündnis betreffe, so meinte Heemstede, die Generalstaaten haben eben deswegen die drei Gesandten geschickt, und er hoffe, dass die Verhandlungen, welche dieselben angefangen haben, bald glücklich zu Ende gebracht werden. Er bat den Staatsrat, die genommenen niederländischen Schiffe freizulassen und auch seine Flotte nicht gleich in ein Gefecht mit der niederländischen, wenn sie dieselbe auf dem Meere treffen würde, eintreten zu lassen. Der Staatsrat fand aber diese Antwort von Heemstede unbefriedigend und forderte von ihm, dass er den verlangten Schadenersatz billigen solle, und versprach andererseits, nur eine bescheidene Summe ansetzen und damit alle Feindseligkeiten aufgeben zu wollen [1]. Die englische Regierung war offenbar noch nicht geneigt, ganz abzubrechen, aber sie wollte die Niederlande demütigen. Hierauf bestand sie fest.

Inzwischen wurde die allgemeine Stimmung in den Niederlanden gegen England immer mehr erbittert. Das gewaltsame Abfangen der niederländischen Schiffe geschah fast täglich und verursachte den berechtigten Zorn der niederländischen Kaufleute. Man glaubte, die Niederländer seien stark genug, den Hochmut der Engländer zu demütigen, und konnte deshalb nicht ertragen, dass die Regierung sich gegen dieselben nicht energischer zeigte. Die aristokratische Partei hatte wohl gewusst, dass der Krieg mit England jedenfalls für die Niederlande, welche grösseren Handel als England hatten, sehr unvorteilhaft sein würde. Einer der Gesandten hatte einmal diese Ueberzeugung ausgedrückt: »Die Engländer gehen auf einen goldenen Berg zu, wir im Gegenteil auf einen eisernen.« (De Engelsche gaen tegens een gouden Berg aen: de onse ter contrarie tegen een Ijseren [2]). Sie wollten deshalb mit allen Mitteln den Frieden aufrecht erhalten und hatten schon alles gethan, was sie ohne Nachteil der Nationalehre thun konnten.

Aber der Hochmut der Engländer war nicht zu überwinden. Die fanatischen Männer, die das Parlament und den Staatsrat besetzten, waren wie auch in andern Dingen unnachgiebig. Was sie schon einmal beschlossen hatten, wollten sie mit unbeugsamer Festigkeit durchführen. Jetzt fühlten sie, dass sie von den Niederländern eine lange Reihe von Beleidigungen erlitten hatten und endlich diese dafür vollständig demütigen müssten, damit sie die weiteren Verhandlungen leichter nach ihrem Wunsche führen könnten. Sie hatten im Hintergrund den grossartigen Plan einer Koalition, aber bevor man sie vorschlug, mussten die Nie-

---

1) *Aitzema*, III, S. 718-719.
2) Ibid. S. 721.

derländer zuerst gezähmt werden; dazu glaubten sie stark genug zu sein. Die herrschende Partei in der niederländischen Regierung war in einem Dilemma, sie musste entweder die Nationalehre der Furcht vor dem Bruche opfern, oder in den Krieg, dessen Ausgang sie leicht prophezeien konnte, eintreten. Aber ein weiteres Nachgeben musste den Patriotismus des Volkes verletzen, was ihren eigenen Sturz und das Emporkommen ihrer Gegner, der Oranier, zur Folge haben würde, sie sah sich also genötigt, nun einen entscheidenden Schritt zu thun.

Die Generalstaaten liessen am 31. Juni an die Gesandten schreiben, dass sie gleich Abschied nehmen sollten, falls die englische Regierung die gewaltthätigen Feindseligkeiten nicht aufgeben wollte. Aber das geschah nicht, und die englische Flotte ging sogar in See mit feindseliger Absicht. Die Gesandten bekamen am 10. Juli die Abschiedsaudienz beim Parlament und nachher beim Staatsrate. Heemstede hatte zwar vorher dem Staatsrate vorgeschlagen, derselbe möchte ihm einen Pass geben, damit sein Schreiber, wenn die Berichte an die Generalstaaten fertig wären, nach London zurückkehren könnte, um die Verhandlungen fortzusetzen, oder das Parlament möchte irgend einen anderen Niederländer, der in London verweilte und der ihnen am besten gefiele, zu diesen Verhandlungen vorschlagen. Aber der Vorschlag ward verweigert. Als die letzte Hoffnung bat Heemstede bei seiner Abreise L. Aitzema, der damals als der Gesandte der Hansestädte in London war, seine Vermittelung zu versuchen. Aitzema schlug vor, dass die Bevollmächtigten von beiden Staaten auf einem neutralen Boden, wie in Hamburg oder irgendwo in Flandern, zusammenkommen sollten, um die Verhandlungen wieder aufzunehmen. Aber die englische Regierung wollte sie nur in London haben und damit scheiterte die Vermittlung von Aitzema [1]).

Die Generalstaaten hatten schon vorher, am 3. Juli Tromp beauftragt, jetzt gegen die englische Flotte nicht mehr mit Vorsicht, sondern mit offener Feindschaft vorzugehen, und sie riefen

---

[1]) *Aitzema*, III, S. 721.

auch ihre Flotte im Mittelländischen Meere zurück, um an den Operationen teilzunehmen. Am 20. verkündigten sie Repressalien gegen alle englischen Schiffe. Andererseits veröffentlichte das Parlament die formelle Kriegserklärung am letzten Tage vom Juli, worin es vierzehn Beschuldigungspunkte gegen die Niederlande vorbrachte [1]). Die General-Staaten wiesen in einer Gegenerklärung alle diese Anschuldigungen zurück und versuchten zu zeigen, dass die englische Republik, durch ihre bisherigen Erfolge hochmütig geworden, diesen Krieg den Niederlanden aufgezwungen hätte [2]).

Aitzema gibt eine interessante kleine Erzählung von der Unterhaltung, welche er mit einem Mitgliede des Parlaments über die gegenwärtige Angelegenheit gehabt hatte. Der englische Staatsmann sagte: »Es war einmal ein Herr, welcher sich mit einem zweiten Herrn zusammen fand und diesem ein Glas Wein vortrank, indem er sagte: »Mein Vetter oder Neffe, ich trinke Ihnen zu.« Der zweite aber antwortete schroff: »Sind wir Verwandte, woher kommt unsere Vetterschaft?« Der erste war wohl dadurch beleidigt, allein er schwieg damals, und als er das nächstemal den andern traf, nannte er ihn nicht mehr Vetter oder Neffe, sondern fiel gleich über ihn her und schlug ihn halb tot. So, »meinte das Mitglied des Parlaments«, *haben wir Engländer die Niederländer nicht allein für Vettern und Neffen, sondern selbst für Brüder gehalten,* aber wie waren wir enttäuscht! Sie erkannten uns nicht, sie meinten, sie seien besser als wir, sie haben uns als Fremdlinge, ja noch schlimmer behandelt.« Diese Worte erklären die Stellung von England ziemlich gut. Es wollte ein ausserordentlich enges Bündnis haben, ja vollständige Vereinigung zu einem Bundesstaat. Aber nachdem das gescheitert, müssen die Niederländer für die Beleidigungen, welche die Engländer von ihnen erlitten zu haben behaupteten, büssen.

---

1) *P Louvet,* Le Mercure Hollandois. Lyon 1673. S. 348—352. — *Aitzema,* III, S. 722—724.
2) *Louvet,* Le Mercure Hollandois, S. 352—355. — *Aitzema,* III, S 725—730.

Vom Verlauf des Krieges werde ich in dieser Arbeit weniges sagen. Er wurde mit abwechselndem Glücke geführt, doch im Ganzen für die Niederländer sehr nachteilig. Die beiden Flotten wurden von trefflichen Seehelden geführt; Blake, Ayscue, Monk auf der englischen Seite, Tromp, de With und de Ruyter auf der niederländischen. Die Engländer hatten aber den Vorteil, dass ihre Schiffe meistens bedeutend grösser und besser gerüstet waren als die niederländischen.

Am Anfang des Krieges, am 5. August, trafen Tromp und Blake bei Fairisle zusammen. Aber bevor ein Gefecht beginnen konnte, erhob sich ein fürchterlicher Sturm. Blake zog sich schnell in den Schutz der Inseln zurück, aber Tromp musste schutzlos auf offenem Meere bleiben. Von seinen sechsundneunzig Schiffen giengen mehr als fünfzig verloren und die übrigen wurden auch sehr beschädigt. Am 26. August schlug de Ruyter die englische Flotte unter Ayscue bei Plymouth. Er vereinigte sich mit de With und hatte am 8. Oktober ein Treffen mit Blake, in welchem die niederländische Flotte infolge des Widerwillens, der unter ihren Kapitänen und Mannschaften herrschte, trotz der grossen Tapferkeit der beiden Befehlshaber grosse Verluste erlitt. Im November nahm die englische Flotte vier niederländische Kauffahrteischiffe, welche zwei Millionen Silber und eine grosse Zahl von reichen Waren an Bord hatten. Andererseits wurde Tromp, der seit dem unglücklichen Verlust durch jenen Sturm von dem Staat mit Unrecht vernachlässigt war, nun wieder mit dem Oberbefehl von 90 Schiffen betraut und schlug am 20. Dezember Blake bei Dover vollständig. Damit war er für die nächste Zeit der Herr des ganzen Kanals und man erzählt, dass er damals einen Besen auf den Mast steckte, um damit symbolisch zu zeigen, dass er die See von der englischen Flotte reinigen würde.

Inzwischen hatte der Krieg die oranische Partei ermutigt, neue Agitationen zu versuchen. Es wurde überall Unruhe gestiftet. Die holländischen Stände, in denen die aristokratische Partei wie immer herrschend war, zeigten grosse Energie und drückten alle aufständischen Bewegungen in ihren verschiedenen Städten gewaltsam nieder. Aber in Seeland war die oranische Partei glücklicher, sie brachte in seiner provinziellen Ständeversammlung den Vorschlag vor, dass man den jungen Prinzen von Oranien zum Statthalter und Kapitän-General, und seinen Onkel, Graf Wilhelm von Nassau, zum Lieutenant-General ernennen solle. Holland schickte eine besondere Deputation nach Seeland, um dessen Ständen davon abzureden. Aber diese war erfolglos und Seeland beschloss den Vorschlag anzunehmen und dessen Ausführung mit Einverständnis der anderen Provinzen zu bewirken. Allein die oranische Partei war unter sich nicht festgeschlossen; dem Grafen Wilhelm, der an der Spitze ihrer Intrigue stand, misstrauten viele Oranier. Ueberdies war Holland entschlossen, mit ganzer Kraft die Durchführung dieses Beschlusses zu verhindern.

Die niederländische Regierung erhielt durch ihre Diplomatie ihren Handel im Baltischen Meere aufrecht. Nach dem 1649 mit Dänemark geschlossenen Vertrag bekamen sie vollständig freien Handel im Sund, was den andern Nationen ausdrücklich untersagt wurde. Nun gelang es ihnen, den König von Dänemark gegen England aufzustacheln, welcher einige englische Kauffahrteischiffe in Kopenhagen ohne Grund zurückhalten liess. Der niederländische Gesandte Nanning Keyser bekam die Erlaubnis von ihm, mit den niederländischen Kriegsschiffen den Sund zu sperren, um die Durchfahrt fremder Schiffe zu verhindern, welche Kriegsvorräte und irgend welche Materialien zur Rüstung von Kriegsschiffen direkt oder indirekt nach England überzuführen versuchten. Er vernichtete in dieser Weise den Handel der anderen Nationen, besonders der Hansastädte. Damit behielten die Niederlande das Monopol des Baltischen Handels für sich allein, und England konnte sie hierin während des ganzen Krieges nicht stören.

So stand die Lage der Dinge als der alte Heemstede, der Ratspensionär von Holland, starb (21. Febr. 1653). Sein Amt wurde von dem grossen Jan de Witt einstweilen besorgt. Dieser war ein Mann von gründlichem Wissen, unüberwindlicher Energie, wunderbarer Arbeitskraft, unerschöpflichem Reichtum an Gedanken und Plänen, und dabei von ausserordentlich praktischem Sinne. Geboren im Jahre 1625 in Dordrecht war er Sohn jenes Jakob de Witt, den Prinz Wilhelm II. 1650 mit fünf andern Abgeordneten holländischer Städte verhaften und in Loevestein gefangen halten liess. Mit achtundzwanzig Jahren wurde er Pensionär von Dordrecht und bekam in dieser Eigenschaft einen Sitz in der Versammlung der holländischen Stände. Sein ausgezeichnetes Talent und seine Anhänglichkeit an das oligarchische Prinzip wurde bald unter seiner Partei bekannt. Er beteiligte sich an der ›Groote Vergadering‹ und war auch einer der Deputierten nach Seeland, um den Ständen dieser Provinz davon abzureden, in der ›Groote Vergadering‹ den Vorschlag zu machen, einen Kapitän-General zu ernennen und einen Statthalter zu erwählen. Als die oranische Agitation in Seeland zum zweiten Male gefährlich zu werden drohte, wurde er wieder an der Spitze einer Deputation dahin abgeschickt, um bei den Ständen dagegen einzuschreiten. Während Heemstede als Gesandter in London verweilte, verwaltete de Witt dessen Amt und korrespondierte mit den Gesandten in verschiedenen Ländern, und zwar bereits massgebend.

Jetzt nach dem Tode Heemstedes erfüllte er provisorisch die Stelle des Ratspensionärs, bis er im Juli 1653 bestimmt dazu ernannt wurde. Ratspensionär ist eigentlich nur ein besoldeter Schreiber in den provinziellen Ständen. Er sitzt unten mit unbedecktem Kopfe in der Versammlung und schreibt die Beschlüsse nieder. Er ist aber das beständige Mitglied der Deputation in den Generalstaaten, in der er die leitende Stelle hat. Er führt die Korrespondenz mit den Gesandten des Staats in den verschiedenen Ländern, bestimmt ihre Handlungsweise und hält auch vorbereitende Konferenzen mit den fremden Gesandten. Infolge dessen konnte ein grosses Genie wie Jan de Witt in allen Staatsangelegenheiten die leitende Rolle spielen, obgleich sein Plan jeden Augenblick von der Opposition der andern Provinzen verhindert werden konnte.

De Witt hatte von der ersten Zeit des Bruches mit England

anerkannt, dass ein Krieg mit diesem Lande ein grosser Nachteil für die Niederlande sein würde [1]) und seine Furcht erwies sich leider als begründet. Denn obgleich der niederländische Handel im Baltischen Meere, während des ganzen Verlaufs des Kriegs ungestört blieb, und obgleich seit dem 20. Dezember 1652 Tromp den Kanal gänzlich beherrschte, so war der Schaden, welchen die Niederlande erlitten, doch ungemein gross. Der Walfischfang und die Häringsfischerei, welche direkt oder indirekt 450,000 Männern Brod verschafften [2]), wurde fast gänzlich niedergedrückt. Ueber 1600 Schiffe wurden von den englischen Kapern weggenommen. Der englische Kanal war gerade in der Zeit, wo der Verkehr mit dem mittelländischen Meere sowie mit Ostindien am meisten notwendig war, so unsicher gemacht, dass der Schaden des Handels unersetzlich war. Der Krieg brachte in seinem Verlaufe allgemeinen Verfall in die Städte. In Amsterdam, der Haupthandelsstadt, standen 14—1500 Häuser leer, nach einigen sogar 3000 [3]). Aitzema erzählt, wie daselbst ein Handschuhhändler, der vor dem Krieg achtundvierzig Handwerker beschäftigte, bald soweit verarmte, dass er selbst ein Handwerker werden musste; wie ein Seidenspitzenhändler, der vorher 3—400 Arbeiterinnen brauchte, während des Kriegs nicht mehr als drei beschäftigen konnte. Dies sind jedoch nur einzelne Beispiele des allgemeinen Elends.

Die Unsicherheit des Handels machte die Versicherungskosten so hoch, dass sie schon im Anfang Dezember 1652 auf 25 Prozent stiegen und später noch unerträglicher wurden [4]). Der Kredit war im allgemeinen auch sehr gesunken, selbst der des Staates. Ein friesischer Kapitän Wiglema konnte in Briel nicht den notwendigen Kredit erhalten, um für sein Schiff und ebenso für das seines Kollegen Kapitän Brunsveldt Brot zu be-

---

1) Brief von J. de Witt 7. Juni 1652, in *A. Lefèvre Pontalis*, »Jean de Witt«, Bd. I, S. 142.
2) The True Interests, S. 41.
3) *Aitzema*, III, S. 867 und 813.
4) Ibid. III, S. 762.

5*

kommen, obgleich er dafür die Vollmacht von den Generalstaaten hatte und er musste in der Not von Aitzema eine kleine Summe, 200 Reichsthaler, borgen¹). Die Kriegskosten waren sehr drückend, man musste in einem Jahre 8,000,000 fl. ausgeben, während man im Landkriege mit Spanien gewöhnlich 1,000,000 fl., höchstens 1,500,000 bis 2,000,000 fl. gebraucht hatte²). Die Beiträge der verschiedenen Provinzen waren im Rückstand. Ein oranisch gesinnter Staatsmann in Holland sagte damals, er könne nicht anders denken, als dass dieser Krieg die Zerteilung der Provinzen verursachen würde, »denn die andern Provinzen sollen, können, und wollen nicht diese schweren Beiträge fortsetzen; auch Holland kann es nicht und muss schliesslich zu Grunde gehen«. In der That konnte Holland, dessen Grundsteuer gewöhnlich ungefähr auf dritthalb Millionen sich belief, im Jahre 1653 davon kaum anderthalb Millionen zusammenbringen und dies nur unter grossen Schwierigkeiten; die Obrigkeit von Amsterdam sah sich genötigt von den klagenden Bürgern nur das zu fordern, was diese selbst bezahlen zu können glaubten³).

In solcher Not und bei der Furcht vor dem eigenen Sturze war es für die aristokratische Partei in Holland natürlich, sich nach dem Frieden zu sehnen »wie ein Fisch nach dem Wasser« und de Witt's leitendes Genie wurde mit voller Kraft dazu angewendet, dies zu erreichen. Der Versuch, mit England wieder anzuknüpfen, ward schon sehr frühe gemacht. Es war auch eine Partei im englischen Parlament, die den Frieden wünschte. Auch Cromwell gehörte zu dieser, da er erkannte, dass der Krieg dahin führe, die Macht der Armee zu vermindern.

Der berühmte Geistliche Hugo Peters war sehr gegen diesen Krieg zwischen den zwei mächtigsten protestantischen Nationen. Es gelang ihm einen Engländer, Namens Gerbier zu überreden, die Rolle eines freiwilligen Vermittlers für den Frieden zu übernehmen. Derselbe gewann in England die Einwilligung von

1) *Aitzema*, III, S. 762.
2) Ibid. III, S. 764.
3) Ibid. III, S. 782.

Cromwell und einigen andern, aber er konnte im Parlament kein Gehör finden¹). Anfang September kam er nach dem Haag und wollte die Generalstaaten zu seiner Ansicht bringen²). Er erklarte, er habe das Einverständnis von Cromwell, Whitelocke, Henry Vane, Bond und einigen anderen bekommen, und zeigte ungezeichnete Schriftstücke mit Instruktionen über verschiedene Artikel. Er wollte über diese »incognito« verhandeln, wie de Witt sich ausdrückte, und schliesslich die Generalstaaten überreden, eine neue Gesandtschaft nach England zu schicken, um die unterbrochene Verhandlung wieder aufzunehmen. De Witt erkannte sogleich, dass mit einem Manne ohne jegliche Vollmacht gar nichts anzufangen war. Er schrieb bald darauf an Beuningen: »myn gevoelen daer van is, dat daer op niet veel staets is te maeken, ende dat daer van niets vruglhbaerlycks staet te verwaghten, 't geene noghtans de tydt naeder openbaeren sal«³). Und so scheiterte die Sache.

Aber die Stände von Holland wollten jedenfalls den Frieden haben und die geheime Verhandlung war schon durch Oberstlieutenant Doleman und Ritter Robert Stone in Gang gebracht, als de Witt an die Stelle des gestorbenen Heemstede trat. Gerade in dieser Zeit fand die grösste Schlacht im ganzen Krieg zwischen Tromp und Blake statt. Tromp hatte seit seinem letzten Sieg im Dezember die ganze Herrschaft über den Kanal gehabt. Es wurde sogar ein kühner Plan vorgeschlagen, die Themse hinaufzufahren und London zu bombardieren, aber damals nicht durchgeführt. Die englische Republik gab sich die äusserste Mühe, eine neue starke Flotte zu rüsten, um aus der gefährlichen Lage hinauszukommen. Blake erschien wieder auf dem Meere und vereinigte sich mit Deane und Monk. Am 28. Februar stiess

---

1) *Aitzema*, III, S. 131—132.
2) Brieven geschreven ende gewisselt tusschen de Heer Johann de Witt . . . . . ende de Gevolmaghtigden van den Staedt der Vereenigde Nederlanden in Vranckryck, Engelandt etc. Haag 1725. Bd. V, S. 15. *De Witt an Beuningen, 14. September 1652.*
3) Brieven V, S. 16—17. *De Witt an Beuningen, 23. Sept. 1652.*

Blake bei Portland mit Tromp zusammen, welcher mit de Ruyter, Evertson und Florissen einige Kauffahrteischiffe nach Hause eskortierte. Drei Tage dauerte die blutige Schlacht, in welcher die niederländische Flotte wegen der mangelhaften Rüstung eine schwere Niederlage erlitt. Die Engländer beherrschten wieder den Kanal und drohten sogar jeden Augenblick die niederländischen Häfen anzugreifen.

De Witt und die aristokratische Partei in Holland waren jetzt doppelt bestrebt, den Frieden zu stande zu bringen. Sie hatten sich dem Vorschlag in den Generalstaaten, mit Frankreich ein Offensiv- und Defensivbündnis gegen England zu schliessen, widersetzt, weil sie nicht dadurch die Versöhnung mit dem letzteren unmöglich machen wollten. Jetzt gelang es ihnen aus gleichem Grunde, den Vorschlag Karls II., der seit seiner Niederlage in Schottland in Frankreich blieb, zurückzuweisen, den Vorschlag nämlich, dass er einige niederländische Schiffe mit seinen Anhängern ausrüsten und selbst den Oberbefehl führen dürfte, um gegen »die Rebellen« in den Kampf zu ziehen [1]).

Die geheimen Verhandlungen, welche die Provinz Holland durch Doleman und Stone führte, machten allmählich Fortschritte, und anfangs April zeigte es sich, dass viele Mitglieder des Parlaments zum Frieden geneigt waren. Man schickte einen gewissen Borchloon nach England mit einem Briefe an das Parlament, datiert vom 18. April 1653, und erklärte, dass die zwei Nationen, welche gleiche Religion und gleiche Interessen haben, nicht mit einander in Streit sein, sondern zum Nutzen von beiden und zu Gottes Ehre zusammen arbeiten sollten. Das Parlament aber schickte David Boneell nach dem Haag nicht allein mit einem Briefe an die holländischen Stände, sondern auch an die Generalstaaten selbst, in welchem es seine Neigung Frieden zu schliessen aussprach. Es äusserte, dass es die Verhandlungen wieder aufnehmen würde, gerade an dem Punkte, wo sie durch jenes zufällige Treffen zwischen Tromp und Blake unterbrochen worden waren, nämlich, wo die drei Bedingungen Heemstede

---
1) *Aitzema*, III, S. 790.

gegenüber vorgebracht wurden¹). Diese Bedingungen waren: 1) dass die Generalstaaten volle Genugthuung für den Schaden, den England im Treffen erlitten hatte, geben sollen; 2) dass alle Feindseligkeiten erst nach dieser Genugthuung aufhören sollten; 3) dass eine feste Allianz zwischen den beiden Staaten als Garantie für die Zukunft geschlossen werden solle«.

Hiedurch kam natürlich die Thatsache, dass Holland gegen die Bestimmungen der Utrechter Union eine eigenmächtige Verhandlung mit einem fremden Lande gemacht hatte, ans Licht. Die Stände von Holland liessen nun selber alles Detail dieser geheimen Verhandlung in den Generalstaaten erzählen, welches mit zufriedeneren Gesichtern angehört wurde, als de Witt erwartet hatte²). De Witt wollte jetzt seinen Wunsch öffentlich durchführen. Die erste der drei vom Parlamente verlangten Bedingungen war derart, dass de Witt ohne Nachteil für die Nationalehre nicht darauf eingehen konnte, die zweite war noch unerträglicher, weil man jeden Tag den Schaden des Krieges auf das empfindlichste fühlte. Was die nähere Allianz betrifft, so war die aristokratische Partei bereit, ja selbst eifrig, ein Bündnis mit England zu stande zu bringen, woraus sie grosse Vorteile zu ziehen hoffte. Sie wusste noch nicht, was für ein sonderbares Bündnis die Engländer in Absicht hatten und ahnte nicht, dass dieser Punkt die grösste Schwierigkeit bereiten sollte.

Nach einigen Sitzungen gelang es de Witt und seiner Partei in den Generalstaaten, den Beschluss durchzuführen, dem Parlament zu schreiben, dass dieselben bereit seien, ein ewig dauerndes festes Bündnis mit England zu schliessen, aber dass die Verhandlungen auf einem neutralen Boden stattfinden sollten³). Die Stände von Holland hatten schon vorher beschlossen, dass ein solcher neutraler Platz in einem protestantischen Lande, und zwar am ehesten in Bremen vorzuziehen sei. De Witt wollte ferner diesen Brief durch einen Mann von Fähigkeit überbringen lassen,

---

1) *Aitzema*, III, S. 803—805.
2) Brieven V, S. 113. *De Witt an Beuningen, 14. April 1653.*
3) *Aitzema*, III, S. 806. — Brieven V, S. 115—116. *De Witt an Beuningen, 28. April.*

mit einem Beglaubigungsschreiben und der Instruktion, einen Waffenstillstand zu schliessen. Dieser kluge Plan war leider nicht angenommen. Es ist bemerkenswert, dass de Witt gleichzeitig bestrebt war, in den Generalstaaten die Seemacht mit 300—400 neuen Kriegsschiffen verstärken zu lassen. Er wollte einen durchaus vorteilhaften Vertrag zu stande bringen und dazu muss man genug militärische Kraft hinter sich haben [1]).

Der Brief der Generalstaaten wurde von einem gewissen Aquilius nach London überbracht. Sehr günstig war der Umstand, dass er gerade in der Zeit kam, wo infolge des englischen Staatsstreichs die Durchführung des Friedens leicht geworden zu sein schien. Cromwell hatte schon längst den Wunsch des Parlaments, die Macht der Armee niederzudrücken, erkannt. Er hatte auch gesehen, dass die Mehrheit meistens nur aus Theoretikern bestand und, obgleich sie viele wichtige Aufgaben vor sich hatte, nicht fähig war, diese zu lösen. Endlich nachdem er das Parlament lange gedrängt hatte, sich aufzulösen, entschloss er sich am 30. April die Mitglieder mit Musketieren gewaltsam aus dem Hause zu treiben. Er bildete einen neuen Staatsrat aus seiner Partei, meistens aus seinen Offizieren. Er war jetzt natürlich doppelt geneigt für den Frieden mit den Niederlanden, denn er sah in dieser Nation den natürlichen Bundesgenossen von England gegen die katholischen Mächte, welche er niederzudrücken trachtete. Ausserdem hatte er nun Feinde genug im eigenen Lande. Die Royalisten waren natürlich seine unversöhnlichen Gegner, und die gemässigten Republikaner waren ebenfalls durch seine Gewaltthat gegen das Lange Parlament verletzt. Auch erforderte der Krieg eine ungeheure Geldausgabe, die zum grossen Teil für die Erhaltung der Seemacht verwendet werden musste, während Cromwell sie lieber fürs Heer, das seine Hauptstütze bildete, benützen wollte. So schrieb er im Namen des Staatsrates sogleich an die Generalstaaten, dieselben möchten sofort eine Gesandtschaft nach London schicken, statt einen neutralen Platz für die Verhandlung

---
1) Brieven. V, S. 115—117. *De Witt an Beuningen, 28. April 1653.* — Ibid. V, S. 121—122, *Ditto, 5. Mai 1653.* — *Aitzema*, S. 806.

zu wählen, da dies zu viele Zeit in Anspruch nehmen würde ¹). Die drei obenerwähnten Präliminarpunkte wurden jedoch festgehalten.

In den Generalstaaten hatte man über die Sache einige heftige Debatten. Die holländischen Deputierten in der Versammlung, mit de Witt an der Spitze, schlugen vor, dass man eine Gesandtschaft nach London schicken, die drei präliminaren Punkte verweigern, ein neues ewig dauerndes Bündnis mit England schliessen und zwei oder drei Männer von scharfem Verstand zu diesem Zweck absenden sollte. Und alle diese Vorschläge wurden durchgeführt. Da die Deputierten der anderen Provinzen eine Allianz mit Frankreich zu schliessen wünschten, hatten diejenigen von Holland eine Konferenz mit ihnen, worin sie den Standpunkt der ersteren für unbegründet nachzuweisen suchten. Schliesslich fand Holland dadurch einen Ausweg, dass man beschloss, später eine Tripelallianz mit England und Frankreich zu stande zu bringen. Diese Punkte wurden am 5. Juni festgestellt ²).

Die nächste Frage war, wie viel und welche Gesandten nach England geschickt werden sollten. Die Deputierten von Gelderland schlugen vor, dass man drei Gesandte aus den drei Haupthandelsprovinzen ernennen solle und zwar Beverning aus Holland, Mareignault aus Seeland und Haubois aus Friesland. Aber de Witt stritt heftig dagegen, indem er erklärte, dass diese Weise der Ernennung unerhört sei, dass man vielmehr zuerst eine kleine Zahl von Gesandten, etwa zwei, die auch der englischen Regierung genehme Personen sein müssen, abzuschicken habe ³). Natürlich wünschte de Witt nur solche gewählt zu wissen, auf deren Gesinnung und Talent er volles Vertrauen setzen konnte. Da aber die anderen Provinzen sich dem Vorschlage von Gelderland anschlossen, so brachte er es dahin, dass vier, wovon zwei aus Holland, ernannt werden sollten, um dadurch doch das Uebergewicht in der Verhandlung zu haben. Was er fürchtete, war,

---

1) *Aitzema*, III, S. 812—813.
2) Ibid. III, S. 813—815.
3) Ibid. III, S. 815.

dass die Gesandten aus anderen Provinzen durch ihre kriegerische Gesinnung diese Verhandlung verderben würden.

Inzwischen fand am 12. und 13. Juni bei Texel eine Seeschlacht zwischen Tromp und Blake statt, welche trotz des grossen Genies von Tromp infolge der mangelhaften Ausrüstung seiner Flotte mit einer furchtbaren Niederlage endete. De Witt erkannte sofort die Gefahr, dass die englische Regierung durch diesen Sieg hochmütig werden und an den obenerwähnten Präliminarartikeln, die er gar nicht annehmen wollte, festhalten könnte. Er wollte also vorläufig nur einen von den vier Bevollmächtigten (Gedeputeerden) — denn so wurden sie genannt und noch nicht Gesandte — nach England schicken, um die Gesinnung der dortigen Regierung zu erforschen, und erst, wenn man ihrer Neigung, auf diese Artikel zu verzichten und den Vertrag auf die bekannten Sechsunddreissig Artikel zu begründen, sicher wäre, die übrigen drei Bevollmächtigten nachschicken. Durch ein kluges diplomatisches Manöver hatte de Witt schon vorher sich mit den Deputierten von Geldern, Utrecht und Overyssel in Einverständnis gesetzt und sogar die Sache durch die Deputierten von Geldern in der Versammlung der Generalstaaten vorschlagen lassen, wodurch es ihm leicht wurde, sein Ziel zu erreichen [1]. Einer der vier Bevollmächtigten, Hieronymus van Beverning aus Holland, sein intimster Freund, wurde infolge davon mit diesem Auftrage betraut. Er reiste am 22. Juni ab und traf am 27. in London ein. Am 30. hatte er seine Audienz bei dem Staatsrat, worin Beverning unter anderem von der durch Gottes Gnade den beiden Republiken verliehenen Freiheit sprach [2]. Durch diese Worte scheint er die Stellung der englischen Republik den Stuarts gegenüber zu rechtfertigen. Antioranisch ist gleich antistuartisch und hierin liegt der Hauptanknüpfungspunkt zwischen den zur Zeit in beiden Staaten herrschenden Parteien.

[1] Brieven, V, S. 161—162. De Witt an Beuningen, 23. Juni 1653.

[2] Verbael gehouden door de Heeren H. van Beverningh, W. Nieupoort, J. van de Perre, en A. P. Jongestal, als Gedeputeerden en Extraordinaris Ambassadeurs van de Herren Staeten Generael der Vereenigde Nederlanden aen de Republyck van Engelandt. Haag 1725. S. 9.

Trotz des obenerwähnten diplomatischen Sieges von de Witt in den Generalstaaten verhinderte die Eifersucht der anderen Provinzen die thatsächliche Durchführung seines Planes. Die andern Bevollmächtigten W. Nieupoort aus Holland, van de Perre aus Seeland und A. Jongestal aus Friesland kamen nämlich schon an demselben Tage in London an, als Beverning die Audienz hatte. Zwar hatte derselbe vor seiner Abreise einigen Bevollmächtigten der Generalstaaten bei seiner Ehre erklärt, dass er keinen besonderen Auftrag von Holland hätte ¹),' aber man glaubte ihm nicht, und mit Recht. Ebenfalls steht es fest, dass er in seinen Staatshandlungen durch einseitig holländische Interessen beeinflusst war. Denn in seinem Briefe an de Witt von London aus, datiert $\frac{17}{27}$ Juni 1653, schreibt er: »Ich gestehe, dass ich für diese grosse Arbeit zu schwach bin; doch gestehe ich auch, dass ich wünsche, zuerst noch vierzehn Tage allein verhandeln zu können, nicht weil ich keiner Hilfe bedarf, oder nicht weil ich keine wünsche — im Gegenteil die von Herrn Nieupoort, dessen Name hier einen guten Klang hat, wäre mir genehm — sondern weil ich fürchte, dass Widersprüche und Ränke in Menschenköpfen (condradictions and tricks in mens head), wenn auch nur von einem Einzigen, unserer Sache schaden würden. Gott begünstige und segne unser Unternehmen zum Vorteile unseres Vaterlandes und der Ehre seines heiligen Namens!« ²)

De Witts Idee war, nicht nur Frieden, sondern auch ein engeres Bündnis zu schliessen. Hiedurch suchte er die Befestigung der aristokratischen Herrschaft und das Uebergewicht von Holland zu bestärken, nicht zu reden von den Vorteilen im Handel und in der Fischerei, welche er darin zu erringen hoffte. Die sechs anderen Provinzen ahnten instinktiv diese Gefahr und strebten deshalb ihr vorzubeugen. Die oranische Partei hatte bei vielen von ihnen die Oberhand, sie hätten daher lieber mit England abgebrochen und ein Bündnis mit Frankreich gegen dasselbe geschlossen. Sie hatten in den Generalstaaten versucht, Schritt

---

1) *Thurloe*, Statespapers, Vol. I, S. 299.
2) Ibid., Vol. I, S. 416.

für Schritt das holländische Unternehmen zu durchkreuzen, aber dank der Klugheit und Energie von de Witt hatte Holland seine Stellung immer behauptet. Dadurch erklärt es sich, dass de Witt bestrebt war, diese Verhandlungen mit England nicht durch die Politik der andern zerstören zu lassen. Ueberhaupt sind die ganzen Verhandlungen bis zum Ende in der That das Werk von de Witt und zwei mit ihm ganz einverstandenen holländischen Bevollmächtigten, Beverning und Nieupoort.

Andererseits wollte auch Cromwell eine engere Vereinigung mit den Niederlanden haben, um seine Macht zu verstärken, aber daneben hatte er einen noch viel grossartigeren Plan im Auge, welchen er auf dieses Bündnis zu gründen trachtete. De Witt wollte nur eine Defensivallianz, Cromwell dagegen wünschte das Bündnis zur Basis eines grossen offensiven Unternehmens zu machen. Ja, er liess sich sogar momentan von einigen Fanatikern überreden auf das phantastische Projekt der Koalition einzugehen. Er beteiligte sich deshalb von vorn herein persönlich lebhaft an den Verhandlungen.

Am 9. Juli erhielten die niederländischen Bevollmächtigten von der englischen Regierung eine Schrift, worin diese darauf bestand, Genugthuung für die Vergangenheit und Sicherheit für die Zukunft zu haben, bevor man über ein Bündnis verhandelte [1]). Für Cromwell war aber diese Genugthuung Nebensache, ihm genügte die einfache formelle Anerkennung der Schuld seitens der Niederländer. Was ihm am meisten am Herzen lag, war die Sicherheit, hinter welcher ein sehr enger Bündnisplan versteckt war.

Früh Morgens am 10. Juli wurde Nieupoort von einem »Herrn von Stande« aufgesucht, dessen Namen leider nicht angegeben ist [2]). Er behauptete von Cromwell beauftragt zu sein, Nieupoort mitzuteilen, dass der Staatsrat die Punkte der Genugthuung nicht gar so präzis meinte, als man nach seiner Schrift vom vorigen Tage annehmen sollte. Er fordere als Satisfaktion nur die Be-

---
1) *Aitzema*, III, S. 854.
2) Verbael, S. 84—85. — *Thurloe*, Vol. I S. 394—395. *Besonderer Bericht der Bevollmächtigten an den Generalstaaten,* $\frac{2}{12}$ *August 1653.*

strafung des Admiral Tromp, des Veranlassers von all diesem Streite (entweder durch böse Absicht oder durch Zufall), das heisst durch seine Absetzung für einige Monate oder durch irgend eine andere Strafe, welche auch nachher, wenn beide Teile über den Vertrag einig werden, aufgehoben werden könnte. Hinsichtlich der Versicherung liess Cromwell einen Teil seines Plans durch seinen Freund darlegen.

Nämlich, die beiden Staaten sollen durch einen formellen und vollständigen Vertrag einander die gegenseitige Versicherung geben und solche Mittel in Betracht ziehen, wodurch beide Teile Friede und Ruhe erlangen können; *ferner sollen in jede der Regierungen zwei, drei oder mehrere Herrn von der anderen Nation aufgenommen werden, das heisst die der englischen in die Versammlung der General-Staaten und die der niederländischen Provinzen in den englischen Staatsrat.* Wenn diese zwei Punkte einmal festgestellt wären, so würde man wenige oder keine Schwierigkeit gegen die sechsunddreissig Artikel vorbringen, selbst was die Fischerei, die Fahrt im Gebiete der Caribischen Inseln und derartige Fragen betreffe, ja es könne sogleich ein Waffenstillstand geschlossen werden.

Dieser Vorschlag legt die Vermutung nahe, dass die Koalition nicht Cromwells ursprünglicher Wunsch war. Der Gedanke kam ihm erst später durch Ueberredung von andern, denn er war ja bekanntlich sonst ein ausserordentlich praktischer Kopf und der obenerwähnte Vorschlag ist nicht so ganz unausführbar, wie die sogenannte Koalition. Nieupoort scheint über diese Eröffnung gar nicht so entsetzt gewesen zu sein. Im Gegenteile freuen sich die niederländischen Bevollmächtigten in ihrem Berichte an die Generalstaaten sehr über »diese freundliche Annäherung, welche sie soweit ihre Interessen es erlaubten unterstützen wollten.«

Nieupoort antwortete dem Abgesandten Cromwells, dass Tromp Oberbefehlshaber der Marine sei, und dass man, mitten im Kriege, wo die englische Flotte in der Nähe der niederländischen Häfen stehe, ihn nicht versetzen könne, dass aber, wenn der Staatsrat seine Flotte zurückziehen und Waffenstillstand schliessen würde, man vielleicht seine Bestrafung in Aussicht stellen könne. Was den zweiten Punkt betrifft, so sagte Nieupoort, dass die Verfassungen der beiden Republiken diesen Vorschlag nicht zulassen, aber es könne dadurch ein Ausweg gefunden werden, dass zwei, drei oder mehrere Bevollmächtigte von beiden Seiten ernannt werden, um das gegenseitige gute Verhältnis zu erhalten und Streitigkeiten auszugleichen.

Am 11. kam derselbe »Herr von Stande« wieder zu Nieupoort und sagte, dass er am vorigen Tage keine Gelegenheit gehabt hätte, mit dem Lord-General zu sprechen, weil derselbe mit zwei anderen Herren, wie er glaubte, Lambert und Harrison, in einer Privatberatung begriffen und während der übrigen Zeit im Staatsrat beschäftigt gewesen wäre.

Diese Beratung scheint Cromwells Ansicht ganz geändert und ihn für den Gedanken der Koalition gewonnen zu haben. Denn jetzt erklärte er durch seinen Freund, dass die Räte durch einen Vertrag mit den General-Staaten sich nicht gesichert fühlten, dass viele von den Regierungsmitgliedern der niederländischen Provinzen gegen die englische Regierung feindselig gesinnt wären und den Vertrag nur solange festzuhalten wünschten, bis sie sich wieder stärker fühlten. Er zeigte offenbar keine Lust, den Vorschlag von Nieupoort in Betracht zu ziehen.

Hierauf richteten die Bevollmächtigten einen Brief an Cromwell und auch eine offizielle Denkschrift des gleichen Inhalts an den Staatsrat. Sie erklärten in bezug auf die Genugthuung, dass die niederländische Nation viel mehr gelitten hätte als England, und dass das enge Bündnis zwischen den zwei Staaten die allerbeste Sicherheit wäre. Sie schmeichelten sich immer noch, bald den Vertrag zum Schlusse bringen zu können, besonders weil sie erfahren hatten, dass, wenn man einmal über diese zwei Punkte einig wäre, das übrige rasch und leicht erledigt werden könnte [1]).

Es kam nun eine kleine Unterbrechung in die Verhandlungen, da Cromwell mit der Zusammensetzung eines neuen Parlaments beschäftigt war, um sich durch dasselbe Autorität zu

---

1) Verbael, S. 85. — *Thurloe*, I, S. 395.

verschaffen. Am $\frac{4}{14}$ Juli versammelten sich in Whitehall 120 von Cromwell eingeladene »Gott fürchtende, treue und ehrliche Männer« und bildeten das Parlament der Republik von England [1]) später scherzhaft Barebone-Parlament genannt. Sobald dieser Teil seiner Arbeit fertig war, wandte sich Cromwell mit neuem Eifer der oberwähnten Verhandlung zu.

Die zwei präliminaren Punkte standen immer noch im Wege und man konnte gar nicht darüber hinauskommen. In der Konferenz vom 23. Juli sagte Cromwell, dass er die Neigung der Bevollmächtigten bemerke, die zwei Punkte der Genugthuung und Sicherheit zu übersehen, welche aber in seiner Meinung eben zuerst in Betracht gezogen werden müssten. Er versuchte zu beweisen, dass die Niederlande die eigentlichen Veranlasser des Krieges wären. England verlange keine grosse Summe der Entschädigung, da es wisse, dass die Niederländer während des Krieges viel mehr erlitten haben, doch müsse dies als Anerkennung der Schuld bezahlt werden. Was die Sicherheit betreffe, so meinte er, die Niederlande haben mächtige Nachbarn, welchen sie nicht viel vertrauen können und in ihrem eigenen Gebiete seien viele Leute, die den Vertrag mit England, nur um die Zeit zu gewinnen, schliessen wollen, die aber mit der nächsten Gelegenheit, vielleicht binnen einem Jahre schon, aus einem Grunde, der den Bevollmächtigten nicht unbekannt sei, diesen Vertrag umwerfen wollen. Man müsse deshalb im eben zu schliessenden Vertrag mehr als die weltlichen Vorteile in Betracht nehmen. Gott habe die Niederländer in wunderbarer Weise vor der spanischen Sklaverei errettet und ihnen die Wahrheit seines Wortes eröffnet; deshalb lieben und achten die Engländer sie. Aber der Mensch werde manchmal sorglos und achte nicht genug auf das, was gegen ihn geplant würde. In England sei das Werk, Gott sei dank, besser als in den Niederlanden von statten gegangen. Also müsse man vor allem an die wichtigen Punkte der Festhaltung der Freiheit und der Verbreitung des Reiches Christi und nicht an sich allein, sondern auch an die Nachkommen denken, damit der auf

---
1) *T. Caryle*, Oliver Cromwells Letters and Speaches.

solcher Grundlage gebaute Vertrag ewig und unverletzlich bleiben könnte. Es komme oft vor, dass eine Freundschaft nach einem Streit noch fester als früher werde *und man wisse nicht, was Gott der Herr durch die zwei Republiken für die Vergrösserung seines heiligen Namens und die Befreiung der so vielen niedergedrückten Nationen durchzuführen beabsichtige.* Die Bevollmächtigten möchten daher ernstlich über diese Punkte mit dem Staatsrate beratschlagen [1]).

Am nächsten Tage, 24. Juli, trafen zwei der Bevollmächtigten Cromwell in St. James Park und baten ihn bei dieser Gelegenheit, weitere Erklärung über das, was er gestern in der Konferenz gesagt hatte, zu geben. Cromwell erwiederte, er wünsche von Herzen, dass ein guter, dauernder Friede geschlossen werde. Er wisse wohl, welche Mittel die Papisten gebrauchen, um ihre Ziele zu erreichen, und wie wichtig für die »ehrlichen Völker« die Erhaltung der wahren Religion und ihrer Freiheit sei. Einer der Gründe des Missfallens von England gegen die Niederlande sei, dass diese seinem Handel überall geschadet hätten. *Die Welt sei gross genug für die beiden; wenn sie sich mit einander gut verständigen, so werden ihre Länder der Markt der Welt.* Sie müssen deshalb in Freundschaft und Einigkeit zusammen leben [2]).

Durch diese zwei Reden hatte Cromwell schon teilweise seinen Begriff und Ziel der Koalition geäussert, doch hatten die Bevollmächtigten noch nicht verstanden, was für eine Art der Sicherheit er eigentlich wünschte. Sie wurden jetzt allmählich ungeduldig und erklärten schliesslich, dass sie nur beauftragt wären, über das Bündnis zu verhandeln und nicht über diese zwei Punkte von Sicherheit und Genugthuung, dass, wenn man dabei stehen bleiben wollte, ihr längerer Aufenthalt überflüssig wäre.

Der so gedrängte Staatsrat gab ihnen am $\frac{31}{21}$ Juli eine schriftliche Antwort. Er wollte als Entschädigung keine grosse Geldsumme verlangen. *Ferner möge man Sicherheit erlangen durch eine solche Vereinigung der beiden Staaten, dass dieselben nur ein Volk und*

---
1) Verbael, S. 41—43.
2) Ibid., S. 45—46.

eine Republik für die gemeinsamen Interessen bilden sollen (»by uniting both States together in such manner as they may become one People and Common Wealth, for the good of both«) [1]. Die niederländischen Bevollmächtigten waren anfangs von dieser Eröffnung sehr eingenommen, weil sie dieselbe nur für einen Ausdruck des Wunsches, ein enges Bündnis zu schliessen, hielten, wie sie es auch auf ihrer Seite erstrebten. Sie verlangten deshalb in der Konferenz die genauere Bedeutung dieser innigen Vereinigung klar gelegt zu sehen. Nach einer Beratschlagung mit dem Staatsrat im Nebenzimmer antwortete ihnen Cromwell, dass man schon einige Tage den obenerwähnten Vorschlag ernst und eifrig besprochen habe; man habe deshalb geglaubt, sich deutlich genug ausgedrückt zu haben. Man wolle nun mit Ehrlichkeit und Unbefangenheit über dieses hochwichtige Thema verhandeln, welches dem Staatsrate sehr am Herzen läge und welches wichtiger sei als irgend ein je zuvor verhandeltes. Die Räte glauben nach langen und sorgfältigen Beratungen die beste Bürgschaft für die Sicherheit in *einer Vereinigung der beiden Republiken zu finden, wodurch beide an Macht gewinnen und für die Vergrösserung von Gottes Ehre und die Erhaltung der protestantischen Religion nützlich wirken könnten.* Was die Einzelheiten betreffe, so sollen die Interessen von beiden ganz dieselben sein, alle Vorteile der englischen Republik sollen auch von der niederländischen mitgenossen werden und vice versa. Auch solle man die Nachteile gemeinsam tragen und mit Aufrichtigkeit einander helfen, sie abzuwehren. Dadurch können alle Streitigkeiten in Zukunft vermieden werden, welche aus der Ungleichheit der Vorteile entstehen. Die Bevollmächtigten müssen bedenken, wie wichtig dieser Vorschlag sei und wie unerhört, dass man nach so langem Zwiespalt ein so grossartiges Anerbieten mache, welches die Niederlande auf gleiche Stufe mit England stellen und alle Interessen gemeinsam und wechselseitig machen würde. Wenn die Bevollmächtigten diesem Vorschlage nicht zu-

---

[1] Verbael, S. 53.

stimmen, so sei es unnötig in weitere Einzelheiten einzugehen [1]). Cromwell forderte jetzt die Bevollmächtigten auf, ihrerseits sich darüber auszusprechen.

Dieselben begannen aber jetzt zu ahnen, was die englische Regierung eigentlich beabsichtigte; denn sie erklärten in einer Schrift vom 1. August, ihre Regierung wäre immer dazu geneigt gewesen, *ein enges Defensivbündnis zu schliessen, wie es zwischen zwei souveränen Staaten, welche ihre Souveränität und selbständigen Regierungen behalten wollen und nach der Natur von beiden Regierungen, Ländern und Unterthanen möglich wäre* [2]). Dies war natürlich weit entfernt von dem, was die englische Regierung wünschte. Diese hatte bis jetzt die Koalition mit dunklen und mysteriösen Worten verschleiert. Offenbar wünschte sie zuerst zu wissen, wie weit die Niederländer ihrem Wunsche entgegenkommen würden. Jetzt war es für sie die höchste Zeit, sich ohne Umschweif auszusprechen.

Ihre Denkschrift, vom 4. August datiert, lautet demgemäss: »*Der Staatsrat habe nicht die Schliessung der Allianz zwischen zwei Souveränstaaten, sondern Bildung eines Staates aus zwei Souveränstaaten gemeint, und, obgleich die municipalen Rechte der beiden nicht dadurch geändert zu werden brauchen, wünsche er, dass das so verschmolzene Ganze einer aus den von beiden Nationen nach Uebereinkunft gewählten Personen bestehenden Souverängewalt unterworfen sein solle, und dass jede Nation dieselben Privilegien und Immunitäten, wie z. B. die Wohnungen, die Häuser, die Höfe, den Handel, die Häfen, die Fischerei und die übrigen Vorteile ohne jeden Unterschied in gleicher Weise benutzen könne*«. (»But the making of two Souveraign States one; which although it doth not necessitate the alteration of the municipall Laws of either, yet it cannot but intend the whole, so united, to be under one supreme power, to consist of persons of both Nations, according as shall be agreed upon, and to have and enjoy the like Priviledges and freedom, in respect of habitations, possessions, trade,

---

1) Verbael, S. 54—56. — *Aitzema*, III, S. 854.
2) Ibid., S. 56—57.

ports, fishing and other advantages whatsoever in each others Countrys as Natives, without any difference or distinction«) [1]).

Die Bevollmächtigten waren über diesen Vorschlag ganz erstaunt und bekämpften denselben mit einer Art von Entrüstung. Sie nannten ihn »eine unerhörte Neuheit, unvermeidliche Verwirrung und selbst eine absolute Unmöglichkeit.« Er habe nicht seines gleichen in der Geschichte. Man finde die Worte Freundschaft, Allianz, Konföderation und Union in dem Vertrag von 1495 und in anderen seitdem zwischen den beiden Nationen gemachten Verträgen, aber nirgends sei das Wort Koalition in diesem Sinne gebraucht. Die Herrn St. John und Strickland haben im Haag kein solches Wort angewendet, ebenso wenig als es in allen späteren Verhandlungen jemals geschehen sei. Man möchte wissen, wie es denkbar wäre, dass eine solche Regierung ohne Verwirrung in Bezug auf die Souveränität existieren könnte, und dass ein Souveränstaat mit einem Nachbarstaat, welcher ebenfalls Souverän sei, bei allen Vorkommnissen enger verbunden sein sollte als unter sich selbst. Denn die sieben vereinigten niederländischen Provinzen selbst bilden nur einen verbündeten Staat ohne Verschmelzung der Souveränität; ebenso sei es bei den vereinigten Kantonen der Schweiz der Fall [2]).

Die Bevollmächtigten hielten daher eine solche Koalition ihrer Natur nach und dem Auftrage ihrer Herrn, der Generalstaaten gemäss, für ganz unmöglich. Sie hätten niemals einen so absurden Vorschlag erwartet, und es wäre sonderbar, dass sie beinahe fünf Wochen lang mit verschiedenen Vorschlägen aufgehalten worden wären. Sie verlangten eine Abschiedsaudienz, falls der Staatsrat bei diesem Wunsche beharren sollte.

Der Staatsrat gab ihnen eine ebenso entschiedene Antwort, (11. August), in welcher er den Niederlanden alle Schuld zuschrieb

---

[1] Verbael, S. 61—64. — Aitzema, III, S. 855. — Brieven I, S. 5. De Witt an Keyser; V, S. 199 De Witt an Beuningen. — Thurloe, I, S. 382. Beverning an de Witt.

[2] Ibid., S. 64—65. — Aitzema, III, S. 855.

und sich bereit erklärte, ihnen die Abschiedsaudienz zu erteilen, wenn sie nur den Tag und die Stunde bestimmen wollten [1]. Die Verhandlung hatte jetzt einen Grad von Spannung erreicht, der das Abbrechen unvermeidlich erscheinen liess. Doch war dies weit entfernt von dem, was beide Teile wünschten. Dieser Krieg hatte eigentlich gar keinen bestimmten Zweck, verursachte jedoch furchtbare Verluste. Für die holländisch-aristokratische Partei konnte er sehr gefährlich werden, weil er der oranischen Partei Gelegenheit bot, gegen sie zu agitieren. Die Niederlage der ersteren wäre auch für die englische Republik sehr nachteilig gewesen, weil die oranische Partei ihr feindlich gesinnt war. Jedenfalls konnte dann von einem engeren Bündnis keine Rede mehr sein und Cromwell musste auf seinen Lieblingsgedanken verzichten.

Die Bevollmächtigten verlangten vermutlich ihre Abschiedsaudienz nur um die englische Regierung zu erschrecken. Diese verweigerte sie ihnen nicht, weil sie aus trefflichen geheimen Quellen sehr wohl wusste, wie sehr Holland des Friedens bedurfte, und daher ziemlich sicher war, dass man die Verhandlungen nicht ganz abbrechen würde. Hätten die Bevollmächtigten wirklich die Zeit der Abschiedsaudienz bestimmt, so würde die englische Regierung, wenigstens Cromwell, sie wohl kaum bereitwillig gewährt haben. War es ihre Absicht, durch ihre feste Haltung den Bevollmächtigten zu drohen, so erreichten sie ihren Zweck. Die Verhandlungen wurden nicht abgebrochen. Zwei von den Bevollmächtigten, Nieupoort und Jongestal, kehrten nach dem Haag zurück, um den Generalstaaten das Vorgefallene mitzuteilen, während die beiden andern, Beverning und van de Perre noch in England blieben.

Dieses Zurückkehren von zwei Bevollmächtigten war von den Ständen von Holland schon vorher bestimmt worden, aber ehe man noch dort von der Koalition gehört hatte. Es war nämlich am 6. August in ihrer Versammlung ein geheimer Brief von Nieupoort und Beverning vorgelesen worden, des Inhalts, dass sie bald

[1] Verbael, S. 70—72.

eine Antwort des Staatsrats auf ihre Denkschrift zu bekommen erwarteten, die einige für Holland wichtige Punkte enthalten würde, und da diese ausserhalb ihrer Instruktion lagen, so wünschten einige von ihnen zurückzukehren, um den Ständen darüber nähere Mitteilung zu machen. Dieser Vorschlag wurde nach einer Debatte von den Ständen angenommen [1]). Nach dem Datum der Versammlung und dem Inhalte des Briefes zu urteilen, scheint derselbe zwischen den zwei Konferenzen vom 31. Juli und vom 4. August geschrieben zu sein, also vor der ersten klaren Aeusserung über die Koalition. Ich erwähne dies als einen von vielen Beweisen, dass Holland von Anfang an die Verhandlung für sich in die Hände genommen hatte.

Unter allen Umständen wären Nieupoort und Jongestal zurückgekehrt; und jetzt, wo die Engländer eine ganz unannehmbare Forderung stellten, überredeten sie ihre oranisch gesinnten Kollegen in einer geschickten Weise, die Verhandlungen noch nicht ganz abzubrechen, sondern einen von ihnen mit Nieupoort nach dem Haag zurückkehren zu lassen.

Nieupoort und Jongestal trafen am 20. August im Haag ein und überreichten alle offiziellen Schriften, welche sie mit dem Staatsrat gewechselt hatten. Sie machten auch weitere mündliche Mitteilungen über die Verhandlungen, sowie über den Zustand der englischen Regierung, die Organisation des Heeres, die Beziehungen zu den auswärtigen Mächten etc. [2]).

Die Mitteilung über die Koalition erregte allgemeine Empörung gegen die Engländer. Die holländische Partei war die lauteste in ihrem Protest dagegen, eben weil sie es war, die diese Verhandlung zu stande gebracht hatte und sie wollte jetzt von der Schuld an einer solchen Forderung sich befreien. So bezeichnet Nieupoort die Koalition als »stille Eroberung des Landes« und sagt: »Wenn wir einmal unsere Güter, Vermögen und Länder verloren haben, wie Schottland und Irland, sind wir noch gut genug, diese Koalition anzunehmen [3]).«

1) *Thurloe*, I, S. 381. *Beschluss der holländ. Stände, 6. August 1653.*
2) *Aitzema*, XXXIII, S. 856 und 857.
3) *Thurloe*, I, S. 438. *Bericht aus dem Haag.*

Ein anderer einflussreicher Mann in Holland meinte, es gäbe weder in den Generalstaaten noch sonst irgendwo einen Menschen, welcher einen solchen Gedanken fassen könne, das sei schmählich und undurchführbar [1]). Aehnlich schreibt Boreel an die Bevollmächtigten in London: »Das wird die Uebergabe und Unterwerfung unseres Staats unter den englischen mit Verlust seiner teuer gewonnenen Freiheiten bedeuten« [2]).

De Witt selber fand die Koalition auch ganz unpassend. Ein äusserst praktischer Mann wie er, welcher natürlich die Natur der niederländischen Regierung vollständig verstand, musste einen solchen Gedanken ganz lächerlich finden. Was aber ihn zumeist verdross, war, dass ein solcher Vorschlag diese Verhandlung unendlich erschweren, vielleicht ganz unmöglich machen würde, indem er allgemeines Missfallen gegen England erweckte. De Witt wollte nicht die Koalition haben, aber auch nicht die Verhandlung abbrechen. In seinem Briefe an Boreel klagt er: »Sie können sich hiernach leicht denken, was man von der ganzen Verhandlung unseres Staates mit England erwarten kann« [3]).

Schwierigkeiten jeder Art schienen gerade in dieser Zeit sich von allen Seiten gegen seinen Plan aufzutürmen. Er musste Schritt für Schritt gegen die Eifersucht der anderen Provinzen kämpfen; er musste sich aufs äusserste bemühen, die komplizierte Staatsmaschine zu beherrschen, welche sich nur langsam und mit vielen Reibungen bewegen liess. Wurde die Durchführung seines Plans mitten in der Arbeit vereitelt, so setzte er mit wunderbarer Fruchtbarkeit sofort andere Mittel in Bewegung, um seine Ziele zu erreichen. Seine Energie und Geduld besiegten doch schliesslich alles.

Karl II. erneuerte jetzt wieder seinen früheren Vorschlag, mit den niederländischen Schiffen unter seinem Oberbefehl einen Angriff auf England zu machen und wolte sogar nach dem Haag kommen. De Witt stellte sogleich bei den Generalstaaten den Antrag, allen hochstehenden Persönlichkeiten zu verbieten, den

---

1) *Thurloe*, I, S. 438.
2) Ibid. S. 422. 23. August 1653.
3) Brieven, I, S. 5.

niederländischen Boden ohne Erlaubnis zu betreten. Da Karl aber jeden Augenblick erscheinen konnte und die Generalstaaten wie immer langsam in ihren Beschlüssen waren, sah sich de Witt genötigt die holländischen Stände zu dem Entschlusse zu drängen, das erwähnte Verbot in ihrer Provinz zur Geltung zu bringen [1]). Diese Entscheidung wurde auch gleich der englischen Regierung gemeldet, um ihr die gute Gesinnung der Provinz zu beweisen [2]).

Obgleich de Witt den Frieden mit England dringend wünschte, war er doch gleichzeitig sehr bemüht, trotz der grössten Schwierigkeiten die Kriegsmacht gegen dasselbe kampffähig zu erhalten. Er hoffte durch einen glücklichen Sieg den Hochmut der englischen Regierung zu dämpfen und sie zu zwingen, ihre Forderungen zu ermässigen. Aber der Verlauf dieses Krieges war meistens unglücklich, bis vollends die Nachricht der grossen Seeschlacht vom 10. August kam, in welcher der tapfere Tromp fiel und die niederländische Flotte eine schwere Niederlage erlitt, obgleich die englische Blokade dadurch aufgehoben wurde.

Noch weit gefahrlicher war der kühne Versuch der oranischen Partei, den jungen Prinzen Wilhelm III. an die Spitze des Heeres und der Flotte zu stellen. Die Deputierten von Seeland trugen am 28. Juli diesen Vorschlag ihrer Provinz in den Generalstaaten vor. Diejenigen von Friesland und Groningen stimmten gleich bei und dankten sogar den Deputierten von Seeland dafur. De Witt, der sich eben in Dordrecht aufhielt, wohnte der Versammlung nicht bei, die ohnehin damals schwach besucht war und Seeland benützte gern diesen günstigen Augenblick, um einen Versuch zu machen, die Generalstaaten durch seinen Plan zu überraschen und dadurch mit ihm durchzudringen. Den Deputierten von Holland gelang es nur mit grosser Mühe, den Beschluss einige Zeit zu verschieben. De Witt eilte schleunigst nach dem Haag und nahm offiziell das Amt des Ratspensionärs

---

1) Résolutions Importantes de Leurs Nobles et Grandes Puissances, les États de Hollande et de West-Friese, pendant le Ministre de Mr. Jeane de Witt, Conseiller-Pensionaire. Amsterdam 1725. S. 1—3.
2) Thurloe, I, S. 381. Beschluss der holländ. Stande, 6. Aug. 1653.

von Holland an, welches er seit dem Tode von Pauw provisorisch verwaltet hatte (die Ernennung war aber schon am 23. Juli erfolgt). Er kämpfte energisch gegen den Vorschlag von Seeland und rettete seine Partei doch schliesslich vor der unmittelbaren Gefahr [1]).

Inzwischen kam die gewünschte Modifikation doch allmählich zu stande [2]). Zwei Tage nach der Abreise von Nieupoort und Jongestal am 16. August begegnete Beverning dem Lord-General zufällig im St. James Park. Beverning benützte sofort die Gelegenheit, ihm verschiedene Fragen vorzulegen. Cromwell verneinte jede Absicht, die Souveränität der Niederlande zu beeinträchtigen oder auf ihrem Boden Fuss zu fassen. Er gab keine deutliche Antwort auf die Frage, ob die Koalition etwas mehr bedeuten könnte als ein gemeinsames Interesse der Freiheit und gemeinsamen Schutz gegen alle diejenigen, welche dieselbe zu bedrohen suchten; offenbar wollte er noch nicht seinen Offensivplan aussprechen. Beverning deutete verschiedene Schwierigkeiten gegen die Koalition an und unter anderem wünschte er zu wissen, was die Niederlande thun sollten, wenn die von ihnen mit den andern Staaten vorher geschlossenen Bündnisse dem Prinzip der Koalition widersprächen. Cromwell gab zu, dass diese verschiedenen Fragen sehr wichtig wären, was aber die letzte betreffe, so meinte er, dass die Wohlfahrt des Volkes allem vorginge. Die Niederlande sollten alles thun für das Gedeihen des Handels und kein anderer Verbündeter könnte ihnen darin mehr nützen als England. Sie hätten ja bekanntlich im Frieden von Münster auch keine Rücksicht auf den früheren Bündnisvertrag mit Frankreich genommen.

Ueber das Mittel der Durchführung der Koalition sagte Cromwell endlich, dass *eine Art von Oberbehörde eingerichtet werden*

---

1) *Thurloe*, I, S. 305. *Bericht aus dem Haag, 30. Juli 1653.* — Id. I, S. 368. *Haubois an Jongestal.* — Id. S. 369. *De Witt an Beverning und Nieupoort, 1. August 1653.* — Id. I, S. 375. *Bericht aus dem Haag.* — Résolutions Importantes etc. S. 1.

2) Diese wichtigen Privatverhandlungen zwischen Cromwell und den niederländischen Bevollmächtigten wurden merkwürdigerweise bisher gar nicht erwähnt, geschweige denn verwertet.

solle mit der Aufgabe die Konföderation festzuhalten zum gemeinsamen Schutz gegen auswärtige Mächte, etwa wie die Amphiktyonie in Griechenland, worin alle Städte ihre eigene Souveränität und Regierung behielten und doch in Bezug auf Freunde und Feinde, ebenso wie in einigen andern Dingen gemeinsame Sache machten. Cromwell fügte aber hinzu, dass die Koalition nur ein Vorschlag wäre und deshalb andere Vorschläge seitens der Niederlande nicht ausschliessen würde. Beverning begleitete ihn nach Hause, wo Cromwell sich nochmals über die Vorteile eingehend aussprach, welche die Niederländer durch diese Vereinigung in Handel und Fischerei gewinnen könnten [1]).

Die Bevollmächtigten suchten eifrig noch mehr solche gute Gelegenheiten zu finden, um über die eigentliche Absicht des Lord-Generals ins Klare zu kommen. Endlich nahmen sie das freiwillige Dienstanerbieten eines vertrauten Freundes an, welcher bei Cromwell besondern Zutritt hatte und sogar über die Sache mit ihm mehrere Male gesprochen haben soll. Durch ihn überreichten sie Cromwell eine Schrift mit sieben Fragen, und erhielten bald die Antwort darauf.

In dieser Urkunde erkennt man schon etwas die Absicht Cromwells in dieser Koalition. *Er will allgemeine Toleranz und Ausbreitung der protestantischen Religion durchführen. Er will, dass die zwei vereinigten Republiken den Kern des grossen Bündnisses bilden, an welchem alle protestantischen Staaten teilnehmen sollen.* Ueber Einzelheiten der Koalition und seines Offensivplanes spricht er sich aber noch nicht deutlich aus. Er schreibt: »Pro rei locique et temporis circumstantiis nihil certi, circa isthaec particularia jam potest decerni. Postea autem, non nisi communicatis consiliis cum iis qui supremo Magistratu funguntur; itaque prius medium Articuli sexti videtur magis concinnum«. Hierdurch meinte er offenbar Langsamkeiten und Schwierigkeiten der Verhandlung über die Koalition einigermassen beseitigen zu können. Endlich forderte er als Genugthuung für die Beleidigung die Bestrafung von Tromp; da aber dieser schon am 10. August ge-

[1]) Verbael, S. 143—146

fallen war, so ist diese Forderung nur eine leere, offizielle Anerkennung der Schuld seitens der Niederlande [1]).

Diese schriftliche Antwort Cromwells schien den Bevollmächtigten in vielen Punkten noch nicht ganz klar und entschieden. Sie suchten deshalb wieder die günstige Gelegenheit mit dem Lord-General persönlich zu sprechen, welcher auch seinerseits bemüht war, diese Privatverhandlungen fortzusetzen. Eine »den Interessen der Regierung fernstehende Person, welche mehr als gewöhnlichen Zutritt bei Cromwell hatte und welche die Interessen des Handels gründlich verstand«, bot van de Perre ihre Vermittlung an. Am 13. Oktober brachte sie ihm ein aus 17 Artikeln bestehendes Schriftstück vom Staatsrat, welcher, wie man ihn versicherte, in der letzten Zeit mit Erörterungen über den Handel beschäftigt gewesen war [2]).

Dieses Schriftstück lässt jetzt Cromwells Gedanken ganz deutlich erkennen [3]). Die Koalition umfasst demnach zwei Motive, einmal *den idealen religiösen Gedanken*, daneben auch *materielle Wünsche, hauptsächlich in Beziehung auf den Handel*.

Der erste Artikel lautet: Zwischen beiden Staaten soll eine ewig dauernde Freundschaft sein und bleiben, und sie sollen ihre Waffen offensiv und defensiv gegen die Feinde, sei es beider oder eines der beiden, gebrauchen. Nach dem 14. Artikel sollen in jedem Staat acht Kommissäre, die eine Hälfte davon Engländer, die andere Hälfte Niederländer, residieren und die Streitigkeiten entscheiden, die zwischen Engländern und Niederländern innerhalb des Gebietes der respektiven Staaten entstehen. Ferner (Artikel 15) sollen diese Kommissäre alle Akten, Beschlüsse, Befehle etc. des einen Staates dem andern mitteilen. Es war also von der Koalition in ihrem früheren Sinne nicht mehr die Rede. Denn die koalisierenden Staaten brauchen nicht besonders von Freundschaft zu sprechen, und diese Kommissäre sind ihrer Funktion nach keine Souveräne, sondern Diener der

---

[1] Verbael, S. 147-149.
[2] Ibid., S. 149-150.
[3] Ibid., S. 150-153.

beiden Republiken, welche über einzelne Vorkommnisse zu verhandeln haben. Ja, diese Allianz ist nicht einmal das, was Cromwell früher (am 10. Juli) durch den »Herrn von Stande« Nieupoort mitgeteilt hatte, d. h. die Forderung, dass jede Regierung mehrere Herrn von der andern Nation in sich aufnehmen sollte. Sie entspricht viel mehr dem, was Nieupoort selbst damals vorgeschlagen hatte.

Was den Zweck der Koalition betrifft, so sollten die zwei Republiken, wie schon erwähnt, *durch diese Vereinigung den zentralen Kern der grossen allgemeinen protestantischen Allianz bilden.* Zum gemeinsamen Schutz sollen die zwei Staaten eine angemessene Zahl von Fussvolk und Reiterei unterhalten, ebenso wie 100 Kriegsschiffe (je nach Umständen auch mehr oder weniger), wovon England 60 und die Niederlande 40 stellen sollen. Dänemark, Schweden, die Schweiz und die protestantischen deutschen Fürsten sollen zu dieser Allianz aufgefordert werden, sowie auch der König von Frankreich, vorausgesetzt, dass er den Protestanten in seinem Reiche volle Glaubensfreiheit gewähre. Auf Grund dieser Vorbereitungen soll man dann »*mit einigen Fürsten oder Staaten in Europa, welche die Inquisition beibehalten, Glaubenszwang ausüben und dem römischen Papste gehorchen, nicht allein keine Allianz schliessen, sondern sie für Feinde der beiden Staaten erklaren*« (Artikel 6). Endlich sollen die beiden Staaten zu allen Völkern und Nationen, die es zulassen, in der Wahrheit Jesu Christi bewanderte Männer schicken, um dieselben darin zu unterrichten und das heilige Evangelium zu verbreiten.

Dieses war der Gedanke der begeisterten Protestanten in England, welche eben jetzt von dem Drucke der Intoleranz der Stuarts befreit, ihre frische Energie zu einem grossartigen Plan anzuwenden geneigt waren. Es ist in der That ein Nachspiel der grossen geistigen Bewegung, welche in der vorhergehenden Zeit die Völker von Europa beherrschte.

Cromwell selber war auch von diesem Gedanken hingerissen. Auch er sah immer die gefährliche »Hauptstütze des römischen

Babylon ¹)« in Spanien, dessen Absicht es war, »die Herrschaft der ganzen christlichen Welt, wenn nicht noch mehr, zu erlangen ²)«. Mit Frankreich konnte er anknüpfen, weil dieser Staat sich immer feindselig gegen die habsburgische Macht zeigte, und überdies »sich nicht für so sehr an den Papst gebunden hielt, dass er auf Befehl desselben sein Wort brechen müsste ³)«. Natürlich wollte Cromwell der Führer dieser protestantischen Allianz werden und denjenigen katholischen Staaten, welche die Toleranz im Glauben nicht billigten, den Krieg erklären. Er wollte ein zweiter Gustav Adolph werden.

Als Basis dieses Planes kann man die Koalition der zwei Republiken betrachten. Cromwell wünschte natürlich hierin die ganze Politik in die Hand zu nehmen, aber nirgends ist es nachweisbar und ich halte es für sehr unwahrscheinlich, dass er nach der einfachen Einverleibung der Niederlande in England trachtete, wie die meisten seiner niederländischen Zeitgenossen und auch einige moderne Historiker wie z. B. Grovestin und Stern glauben ⁴). Seine erste Idee war, einige Stimmen jeder Nation in die Regierung der andern einzuführen, dann ging er auf den Koalitionsgedanken ein, aber sobald ihm die Undurchführbarkeit desselben klar wurde, gab er die Idee allmählich auf. Er wünschte nur sein Hauptziel zu erreichen, das Mittel war ihm Nebensache.

Cromwell war aber nicht der Mann, welcher sich bloss mit der Durchführung eines hochidealen Planes begnügen konnte. Obgleich Fanatiker, war er ein durchaus praktischer Kopf und wünschte aus dieser Allianz auch grosse materielle Vorteile zu erlangen. In dieser Beziehung suchte er auch die Niederländer durch bedeutende Anerbietungen anzulocken. Er schlug vor, der niederländischen Regierung allen Handel in Asien »allein und privatim« zu überlassen; die englische ostindische Kompagnie sollte dort

---

1) *Carlyle*, Letter and Speaches of O. Cromwell, Leipzig 1861, Bd III, S. 351
2) Ibid. III, S. 394.
3) Ibid. III, S. 396.
4) *S. Grovestin*, Guillaume III. et Louis XIV., Paris 1868. — *A. Stern*, Geschichte der Revolution in England, Berlin 1881.

das ganze Geschäft gegen Bezahlung einer bestimmten Summe als Entschädigung dafür aufgeben, die englische Regierung jedoch sollte das Recht behalten, noch einigen Handel zu treiben. Dagegen sollte aller Handel in Nord- und Südamerika mit Ausnahme von Brasilien, Monopol des englischen Staates bleiben. Um ihm die nötigen Häfen, Flüsse, Festungen, Städte und Schlösser in Amerika in Besitz nehmen zu helfen, hätten Ihre Hoch Mögenden fünfundzwanzig tüchtige, je mit 200 Männern versehene Kriegsschiffe zu liefern; diese Hilfe hätten sie mindestens sieben Jahre lang fortzusetzen. Ferner sollte Brasilien, welches damals grösstenteils Portugal gehörte, zwischen England und den Niederlanden geteilt werden, wovon das erste die ganze Nordseite vom Rio de la Plata bis Rio....., und die letztere von da bis .... erhalten sollte.

Hiemit scheint Cromwell zu bezwecken, die Handelsrivalität zwischen den zwei Nationen möglichst zu beschränken, und dieselben mit einander zu vereinigen, den Welthandel unter sich zu teilen, zum Nachteile aller andern Handelsstaaten, vornehmlich Spaniens und Portugals. Obgleich er in seiner obenerwähnten Antwort auf die sieben kategorischen Fragen der Bevollmächtigten alle Absicht eines Offensivkriegs in Abrede zieht, so widerspricht er sich durch diesen Vorschlag gänzlich. Spanien und Portugal mussten demgemäss sofort als Hauptfeinde erklärt werden und die zwei Republiken sollten ihre Kraft vereinigen, um sich auf jener Kosten zu vergrössern. Cromwells Wunsch ist also zugleich Ruhm und Vorteil zu erlangen, — den Ruhm, der Vorfechter von allen Protestanten zu sein, den Vorteil, dem englischen Handel und der Kolonialpolitik grossen Aufschwung zu geben.

Den Niederlanden gegenuber enthält diese Urkunde das aller grossmütigste Anerbieten in der ganzen Verhandlung zwischen den beiden Staaten seit 1650 bis zu dem Friedenschluss im Jahre 1654. Man beharrt nicht mehr auf der Koalition. Man verlangt absolut keine Entschädigung. Man fordert nicht mehr den alten Gebrauch der Respektleistung seitens der niederländischen Schiffe, wenn sie in den brittischen Gewässern englischen

Kriegsschiffen begegnen. Man will die Navigationsakte aufheben. Man will jedem Volk ebensoviele Privilegien und Immunitäten in dem andern Land gewähren, wie den Eingeborenen. Auf dieser Basis sollen die Niederlande auch immerhin bedeutende Vorteile aus dem geplanten Angriff ziehen. Waren die Generalstaaten ein besser organisierter, energischer Körper gewesen, als sie damals in der That waren, so hätten die Niederlande solche Vorschläge vielleicht gern angenommen. Allein sie hatten jetzt weder die Lust noch die Kraft, sich auf ein grossartiges Unternehmen einzulassen. Sie waren vom Kriege totmatt, sie sehnten sich nach Frieden und Ruhe. Diese Gesinnung zeigte sich sofort in der Heftigkeit, mit welcher die Bevollmächtigten gerade den offensiven Teil des Programmes bekämpften. Man sah bald, dass der eigentliche Zweck der Koalition ebenso schwer zu erfüllen wäre, als die Koalition selbst [1]).

Es erscheint noch einmal ein neuer Vermittler, der vorgab, weder von dem letzten Schriftstücke, noch von dessen Verfasser, noch von dem Ueberbringer etwas zu wissen. Er brachte ein Konzept von 12 Artikeln, welche mit obenerwähnten 17 Artikeln grosse Aehnlichkeit hatte, ausgenommen wichtige Modifikationen[2]). Es wurde auch hier bestimmt, dass die Allianz mit den protestantischen Mächten zum Zwecke der Ehre Gottes und der Verbreitung des Reiches Jesu Christi geschlossen werden sollte, aber mit Schweden und Dänemark nur in soweit, als sie den Bündnisverträgen nicht widerspräche, welche von einem der beiden mit ihnen schon früher geschlossen worden wären. Auch mit den die Glaubensfreiheit nicht duldenden Staaten dürfte man doch Handelsverträge schliessen und es wurde nicht bestimmt verlangt, sie sofort für Feinde der beiden Republiken zu erklären. Die Forderung der Allianz mit Frankreich unter der Bedingung, dass es Toleranz gewähre, ebenso wie die Unterhaltung von Truppen und Flotten, bleibt dieselbe wie in der letzten Urkunde.

In Bezug auf jene grosse Handels- und Kolonialpolitik ist

1) Verbael, S. 153—155.
2) Ibid. S. 155—157.

diesmal ein bestimmter Plan nicht ausgesprochen, aber man ist weit davon entfernt, sie aufzugeben. Der Gang des Handels soll beiderseits gleich bleiben wie vor dem Bruche, wenigstens in Europa und im Mittelländischen Meer, aber es ist hinzugefügt, dass man, falls die beiden Staaten es für gut finden, eine Verteilung in Asien und Amerika unter noch zu bestimmenden Bedingungen festsetzen wird. Offenbar wollten Cromwell und die Staatsräte ihren Lieblingsgedanken etwas in den Hintergrund rücken und provisorisch ein Bündnis schliessen, um ihn bei der nächsten Gelegenheit auf der Basis desselben wieder hervorholen zu können.

Mit der Ermässigung des Offensivplans müssen aber Cromwell und der Staatsrat gleichzeitig einige neue wichtige Ansprüche machen für ihr besonderes nationales Interesse. Die Bestimmung in der letzten Urkunde, wonach die Navigationsakte aufgehoben werden konnte, fällt weg. Alle niederländischen Schiffe müssen den englischen Kriegsschiffen, welche sie auf dem Meere treffen, denselben Respekt erweisen, wie es früher Sitte war. Schliesslich lautet ein Artikel: Die Rebellen, Verräter und verdächtigen Personen, welche irgend etwas zum Nachteil dieser Vereinigung unternehmen, dürfen sich weder im Gebiete der einen noch in dem der andern Nation aufhalten. Diese letzte Bedingung scheint mir gegen die Familie Oranien ebenso wie gegen die Stuarts gerichtet zu sein. Denn die erste muss es nach diesem Artikel auch mit Verbannung büssen, wenn sie den letzteren Hilfe leistet. Es ist in der That das erste Mal in dieser Verhandlung vom Jahre 1653, dass diese Bedingung besonders von der englischen Regierung verlangt wird. Es war bis jetzt kein Bedürfnis dafür vorhanden gewesen; denn wenn die beiden Staaten in einen zusammengeschmolzen worden wären, so hätte man selbstverständlich diese zwei Familien als gemeinsame Feinde betrachten müssen. Selbst nachdem man die Koalition schon aufgegeben hatte, blieb die vorgeschlagene Gemeinschaft der Interessen so eng, dass man solcher Vorsichtsmassregeln nicht bedurfte. Sobald aber der Offensivplan in den Hintergrund trat, wenn auch nur provisorisch, musste der Scharfsinn Cromwells die Notwendigkeit dieser Forderung sofort erkennen.

Nach alledem war die allgemeine Abfassung dieser letzten Urkunde den niederländischen Deputierten sehr zusagend und Beverning schrieb mit Freude an de Witt, um ihm die günstige Stimmung der englischen Regierung mitzuteilen und ihn aufzufordern, Nieupoort und Jongestal mit neuen Aufträgen schleunigst wieder nach London zu schicken [1]). Cromwell wünschte ebenso dringend die Verhandlungen schnell zum Schluss zu bringen. Er hatte schon seine letzte Antwort gegeben und konnte deshalb keine weitere Eröffnung machen. Da aber diese Verhandlung nicht öffentlich geführt wurde, so musste er doch warten, bis die Generalstaaten den neuen Auftrag gaben. Er scheint diese Verhandlung für sehr wichtig gehalten zu haben; denn er gab Bordeaux-Naeufville, Lagerfeld und Stockar, den Gesandten von Frankreich, Schweden und der Schweiz, deutlich zu verstehen, dass er mit ihnen erst dann verhandeln würde, wenn die niederländische Sache erledigt wäre. In einer Unterhaltung mit Stockar brach er in Thränen aus und erklärte in Gottes Namen, dass nichts ihm mehr Kummer mache, als dieser Krieg. Bei der Ankunft jeder Post von den Niederlanden mussten ihm die Deputierten die Stimmung ihrer Hoch Mögenden mitteilen. Endlich erreichte seine Ungeduld einen so hohen Grad, dass er die Bevollmächtigten überredete, Ewaldus van de Perre, den Sohn des einen von ihnen, speziell nach dem Haag zu schicken, um die dortige Regierung zum schnellen Beschlusse zu drängen und unterzeichnete sogar eigenhändig den Pass für ihn [2]).

Inzwischen war de Witt im Haag nicht unthätig gewesen, aber die komplizierte Regierungsmaschine konnte er nur mit der äussersten Mühe in Bewegung setzen. So lange die englische Regierung auf der Koalition bestand, war er in einem Dilemma, entweder sie anzunehmen oder die Verhandlung ganz abzubrechen;

---
1) *Thurloe*, I, S. 592. *Beverning an de Witt, den 17. Oktober 1653.*
2) Verbael, S. 158—161

beides wollte er nicht. In Verzweiflung schreibt er an Beuningen, »Ihre Hoch Mögenden und die englische Regierung können in dieser Sache nur einig werden, wenn Gott, der Herr, entweder uns einige günstige Erfolge oder für England merkwürdige innere Veränderungen schickt« [1]). Er wollte deshalb »nur dem Beispiele des Fischers folgen, welcher mit der Angelrute im Wasser sitzen bleibt, und sie aufzieht, sobald der Fisch anbeisst« [2]).

Zunächst brachte er in Holland ein besonderes Komitee zu stande, welches Nieupoorts Mitteilungen untersuchte und den holländischen Ständen darüber Vorschläge machte. In der ständischen Versammlung wurde nach einer Debatte am 18. September beschlossen, Beverning und van de Perre zu beauftragen, »durch jede Art von Gründen und Beweisen der englischen Regierung die Unmöglichkeit der Koalition vorzustellen und ihr anstatt derselben ein so enges Bündnis, wie es zwischen zwei Nachbarstaaten nach der Natur ihrer Verfassung nur möglich ist, anzubieten« [3]). Dieser Beschluss wurde in Form eines Provinzialvorschlags den Generalstaaten unterbreitet. Nach der Verfassung der niederländischen Republik mussten die Deputierten jeder Provinz diesen Vorschlag zuerst den Provinzialständen mitteilen, und von ihnen ihre Instruktionen erhalten. Die Mitglieder der Stände selbst mussten auch ihrerseits von den einzelnen Städten beauftragt werden. So dauerte es jetzt auch geraume Zeit, bis man wieder in den Generalstaaten über die Sache debattieren und beschliessen konnte, obgleich de Witt sich eifrigst bemühte, die Provinzen zum schnellen Entschluss zu treiben, besonders seit er von der günstigen Stimmung der englischen Regierung Kunde erhalten hatte.

In dem Beschluss der Stände von Gelderland zeigte sich eine höchst kriegerische Stimmung. Sie beklagten nicht ohne Recht,

---

1) Brieven, V, S. 205. *De Witt an Beuningen, 2. Sept. 1653.*
2) Brieven, V, S. 206. *De Witt an Beuningen, 2. Sept. 1653.* »maer dat men mogelyck niet quaelyck soude doen nae 't exempel van de Visschers met de hengelroede in 't waeter te blyven sitten, omme de occasie daer synde, ende de visch aenbytende aenstondts te konnen ophaelen.«
3) *Thurloe*, I, S. 437. *Beschluss der holländ. Stände, 18. Sept. 1653.*

dass einige Provinzen mit der englischen Regierung private Unterhandlungen geführt hätten. Sie forderten gegen England eine ebenso energische Kriegsführung wie früher gegen den König von Spanien. Alle Mittel müssten gebraucht werden, um die feindliche Macht zu brechen, man solle den Schotten und Irländern helfen, sich von der englischen Tyrannei zu befreien¹).

Solche hochtönende Phrasen mussten aber doch allmählich etwas gemässigt werden. Der seinen provinziellen Deputierten für die Generalstaaten erteilte Auftrag Gelderlands beschränkte sich darauf zu verlangen, die englische Regierung kategorisch zu fragen, ob sie auf die Präliminarpunkte verzichten und auf der Basis der sechsunddreissig Artikel verhandeln wolle, und erst wenn die bejahende Antwort gegeben wäre, würden sie Nieupoort und Jongestal wieder nach London schicken²). Das allgemeine Friedensbedürfnis zwang die andern Provinzen, im wesentlichen dem Vorschlag von Holland beizustimmen; sie bestanden nur darauf, Nieupoort und Jongestal wieder abzuschicken, statt, wie de Witt es wünschte, Beverning — van de Perre war inzwischen gestorben — die nötige Instruktion zu geben³). Am 21. Oktober wurde also beschlossen, dass die beiden ersteren schleunigst sich wieder nach London begeben sollten, um auf Grund ihres früheren Auftrags zu verhandeln⁴). Am 29. Oktober reisten sie vom Haag ab und erreichten England am 4. November. Am 7. bekamen sie Audienz bei dem Staatsrat und überreichten die Denkschrift ihrer Regierung.

In derselben schlugen Ihre Hoch Mögenden *ein enges und ewig dauerndes Bündnis zur Ehre Gottes, zur Verbreitung seiner Wahrheit, zum Schutze der Gläubigen, für die Freiheit der beiden Staaten und die gerechte Verteidigung ihrer gemeinsamen Interessen* vor. Um diese Allianz noch sicherer und enger zu machen, sollte dieses Bündnis auch auf die andern protestantischen Staaten, eben-

---
1) *Thurloe*, I, S. 460. *Der Beschluss der Versammlung von Zutphen.*
2) *Aitzema*, III, S. 858. — *Thurloe*, I, S. 509.
3) *Thurloe*, I, S. 540.
4) *Thurloe*, I, S. 535.

so wie auf diejenigen katholischen Mächte, welche den Protestantismus duldeten, ausgedehnt werden. Ferner sollte keine Allianz ohne Wissen des andern und im Widerspruch mit dem jetzt abzuschliessenden Bündnis, von einem der beiden Staaten geschlossen werden [1]).

Diese Vorschläge scheinen im ersten Augenblicke mit den letzten von Beverning und van de Perre erhaltenen zwölf Artikeln in vielen Punkten Aehnlichkeit zu haben (S. 94); aber die Aehnlichkeit ist nur eine äusserliche. Sie lassen noch viel weniger Neigung nach einer Offensive erkennen. Sie sind augenscheinlich von dem Wunsch der Niederländer hervorgerufen, sich mit möglichst geringen Opfern grosse Vorteile zu verschaffen. Denn durch diese feierliche Verbrüderung wollten dieselben die Navigationsakte bei seite schaffen, sich überall in den Genuss der Handels- und Fischereifreiheit setzen, den englischen Kriegsschiffen den gewohnten Respekt aufsagen und überhaupt in den Besitz aller Privilegien und Immunitäten der Eingeborenen gelangen.

Drei Wochen lang bekamen die niederländischen Bevollmächtigten vom Staatsrat keine Antwort auf ihre Vorschläge und mussten Cromwell schriftlich dazu drängen [2]). Dieser eröffnete sofort die Verhandlungen und führte sie beinahe allein durch. Dabei ist es merkwürdig, wie die beiden Parteien ihre Stellung wechselten; es waren jetzt die Niederländer, welche von wechselseitigen gemeinsamen Interessen sprachen, während Cromwell darauf bestand, die nationalen Interessen seines Landes zu verfechten. Er versicherte den Bevollmächtigten, dass er keinen Frieden von kurzer Dauer, sondern einen ewig dauernden zu schliessen wünsche, und dass seine Regierung gern den Niederländern alle diejenigen Freiheiten und Privilegien, die sie verlangten, gewähren würde, wenn die Souveränität der beiden Nationen, unbeschadet der munizipalen Gesetze, durch Koalition gänzlich verschmolzen würde. Und wenn die Bevollmächtigten meinten, ihre Hoch Mögenden wären bereit, ausser der für undurchführbar

---

1) Verbael, S. 167—168.
2) Ibid. S 187.

gehaltenen Vereinigung der Souveränität, alle Bedingungen der Koalition anzunehmen, so erinnerte er sie daran, dass die Koalition und ihre jetzigen Vorschläge, durchaus verschieden sei, dass *England aus dieser ›mutilierten Koalition‹* (›gemutileerte Coalitie‹), *wie Cromwell das vorgeschlagene Bündnis nannte, nichts weiter als Frieden und Sicherheit bekäme, während die Niederländer daraus sehr grosse Vorteile gewinnen würden* [1]).

Cromwell legte seinerseits einen aus siebenundzwanzig Artikeln bestehenden Entwurf des neuen Vertrags vor. Dieser forderte eine Defensivallianz gegen alle Feinde, die den Frieden und die Freiheit von einem der beiden Völker stören würden. Jede der beiden Republiken solle die erklärten Feinde der andern nicht in ihrem Gebiete dulden und nicht allein ihnen keine Hilfe leisten, sondern wenn nötig, gewaltsam gegen sie vorgehen. Nach einem der Artikel wird die Navigationsakte thatsächlich hinfällig und mehrere andere enthalten noch einige unwichtige Bestimmungen über die Gewährleistung gegenseitigen Schutzes und gegenseitiger Freiheiten.

Aber dazu kam eine Menge von Bedingungen, welche für die Niederländer unerträglich waren. England sollte alle bisher genommenen niederländischen Schiffe behalten und überdies sollten die Generalstaaten Entschädigung für den Schaden geben, welchen England durch jenes Treffen von Tromp und Blake am 29. Mai 1652 erlitten hatte. Die niederländischen Schiffe, welche auf dem Meere englischen Kriegsschiffen begegnen würden, sollten diesen den üblichen Gruss durch das Streichen der Flagge und das Herablassen der Marssegel erweisen, und sich ferner von englischen Beamten jederzeit auf Verlangen eine Durchsuchung gefallen lassen. Nur eine bestimmte Zahl der niederländischen Kriegsschiffe dürfte das brittische Meer befahren, und die Durchfahrt einer grösseren Flotte sollte an die Einwilligung der englischen Republik geknüpft sein. Die niederländischen Fischer dürften nach diesem Entwurf nur noch für die nächsten einundzwanzig Jahre an den brittischen Inseln fischen und dies mit der erschwerenden Bedingung, dass die Generalstaaten

---
1) Verbael, S. 188—197.

dem Parlament dafür eine bestimmte Summe zahlten. Endlich sollten der Prinz von Oranien und seine Mutter oder wer sonst im Gebiete der vereinigten Provinzen den erklärten Feinden der englischen Republik Hilfe leistete, dafür mit dem Verlust ihres Lebens und Vermögens büssen. Die Generalstaaten sowie die Provinzialregierungen sollten niemals den Prinzen und seine Nachkommen zum Kapitän-General, Statthalter, Armee- oder Flottenkommandanten, oder Gouverneur einer Stadt oder Festung ernennen, ja sie sollten alle derartigen Umtriebe entgegentreten, wobei der Beistand der englischen Republik in Aussicht gestellt war [1]).

Mit diesem Entwurfe fällt in der Verhandlung der Gedanke der Koalition gänzlich weg, und ich verzichte desshalb auf eine detaillierte Darlegung der weiteren Verhandlungen.

Die Engländer hatten versucht, zwei Nationen zu vereinigen, in der Weise, dass eine vollständige Interessengemeinschaft erzielt würde. Nun da dieser Versuch misslungen, so mussten sie vor allem ihre speziell-nationalen Interessen wahren. Dies hat Cromwell instinktiv gefühlt, und daher kam jene Verweigerung der niederländischen Forderungen und die Aufstellung seiner harten Bedingungen.

Die niederländischen Bevollmächtigten erklärten die oben erwähnten Artikel für gar nicht annehmbar, aber was sie am meisten entrüstete, war die Beschränkung der Zahl der niederländischen Kriegsschiffe, die das brittische Meer befahren dürften. Sie meinten, das sei »eine Unredlichkeit und Extravaganz«, ein solcher Vorschlag sei eine Beleidigung, und sie könnten absolut nicht mehr verhandeln, wenn man ihn nicht zurücknehmen würde [2]). Als die Nachricht von dieser Eröffnung nach dem Haag kam, erregte sie dort einen allgemeinen Sturm der Empörung. De Witt selbst war ganz in Verzweiflung und besuchte Chanut, den französischen Gesandten im Haag, um zu sondieren, ob man im Fall des Abbruchs der Verhandlungen auf ein Bündnis mit Frankreich rechnen dürfte [3]). In den Generalstaaten hielt er eine lange Rede,

[1]) Verbael, S. 198—200.
[2]) Verbael, S. 216.
[3]) *Aitzema*, III, S. 860.

worin er sagte, dass die Niederländer von einer grossen Gefahr bedroht seien und dass man sich nunmehr mit inneren und auswärtigen Rettungsmitteln stärken müsse, im Innern durch Rüstung einer starken Flotte, auswärtig durch ein Bündnis mit Frankreich und andern Mächten [1]).

Inzwischen aber fand eine Veränderung in der englischen Regierung statt, welche die Verhandlungen sehr erleichterte. Cromwell nahm nun den Titel eines Protektors der Republik von Grossbritannien und Irland mit unbeschränkter Macht an. Um seinen Idealplan, das katholische Habsburg zu demütigen, durchzuführen, musste er zuerst seine eigene Macht verstärken; dazu war der Krieg mit den Niederlanden sehr hinderlich und ihm war überhaupt dieser Krieg weder vom politischen noch vom moralischen Standpunkt aus erwünscht.

Seinem Eifer den Frieden schnell zu schliessen verdankt man die rasche Ausgleichung der Schwierigkeiten, die sich in den Verhandlungen ergaben. Er gab alle Ansprüche auf Satisfaktion und Beschränkung der Zahl der auf dem brittischen Meere gestatteten niederländischen Kriegsschiffe gänzlich auf. Dagegen wurden auf der niederländischen Seite auch bedeutende Konzessionen gemacht und es blieben nur zwei Punkte übrig, über die man lange sich nicht einigen konnte. Der König von Dänemark hatte im Jahre 1652 einige englische Kauffahrteischiffe ohne irgend einen Grund in Kopenhagen zurückhalten lassen. Cromwell wollte deshalb Dänemark nicht in diese Verhandlungen einschliessen, wie die niederländischen Bevollmächtigten es wünschten. Der zweite noch wichtigere Punkt war die Ausschliessung des Prinzen von Oranien von den Aemtern des Statthalters und Kapitän-Generals, in welcher Forderung Cromwell absolut nicht nachgeben wollte.

Endlich begnügte Cromwell sich doch in einer Privatkonferenz mit Beverning damit, dass die Stände von Holland zu dieser Ausschliessung insgeheim sich verpflichten würden [2]). Ueber die Einschliessung von Dänemark in diesen Vertrag konnte man aber nicht

1) *Aitzema*, III, S. 860.
2) Verbael, S. 275—278.

einig werden und die drei Deputierten reisten am 13. Januar 1654 von London ab. Aber im letzten Augenblick sandte Cromwell den Oberstlieutenant Doleman nach Gravesand, um den Bevollmächtigten eine Schrift zu überreichen, worin er in diesem letzten Punkt auch gänzlich nachgab [1]).

Man hat de Witt manchmal beschuldigt, dass er Cromwell heimlich zum Verlangen der Exklusion habe aufhetzen lassen, aber das scheint mir höchst unwahrscheinlich. Da die englische Republik die oranische Familie als ihren gefährlichen Feind erkannte, so liegt die Vermutung sehr nahe, dass Cromwell, welcher seine Gedanken immer energisch und selbst gewaltsam durchzuführen pflegte, diese Frage gleich ins Auge fasste, sobald die Koalition unmöglich wurde. Bevor er diesen Vorschlag machte, waren die Bevollmächtigten schon ganz allein mit der schweren Frage beschäftigt, ob die sechsunddreissig Artikel mit der Koalition zusammenfielen oder nicht; es war überhaupt eine Frage, ob der Vertrag ohne Koalition zu stande gebracht werden könnte. Ueberdies war die Exklusion höchst schwer durchzuführen, so dass de Witt nicht freiwillig von sich aus eine solche Aufgabe stellen konnte. Am 2. Januar 1654 schreibt er an Nieupoort und Beverning, seine vertrauten Freunde, wie er über diese Exklusion bekümmert sei, wie schwer, ja unmöglich die Durchführung derselben sei [2]). Auch nachdem der Beschluss, den geheimen Artikel anzunehmen, in den holländischen Ständen durchgebracht war, schreibt er wieder an die zwei Deputierten, sie möchten doch noch einmal versuchen, ob nicht der Protektor schliesslich davon abgebracht werden könnte. Dies ist der beste Beweis, dass de Witt nicht Urheber dieses Vorschlags ist.

Da aber der Friede ohne Bewilligung dieses Artikels unmöglich schien, hatte de Witt es übernommen, für dieselbe einzustehen. Die drei Bevollmächtigten machten vor den Generalstaaten Mitteilung von ihren Verhandlungen, ohne übrigens den geheimen Artikel

---

1) Verbael, S. 290.
2) J. W. van Sypestein, Geschiedskundige Bijdragen, Haag 1865. Bd. II, S. 5—6. Bijlage III.

zu berühren. Alle öffentlichen Bestimmungen des Vertrags wurden dort angenommen, und die Bevollmächtigten wurden nach England mit neuen Beglaubigungsschreiben und mit dem Titel von ausserordentlichen Gesandten geschickt. Indessen brachte de Witt mit äusserster Mühe den Beschluss in den holländischen Ständen durch, den geheimen Artikel über die Garantie der Exklusion des Prinzen von Oranien zu bewilligen. Damit kamen die Verhandlungen zu ihrem Ende.

Der Vertrag wurde am 6. Mai 1656 in London feierlich erklärt und am 13. im Haag. Nach diesem Vertrag fiel alle Entschädigung für den Kriegsschaden weg. Freie Schiffahrt und freie Fischerei wurden den Niederländern gewährt. Es wurde ein Komitee von beiden Seiten ernannt, und die Gegenansprüche der englischen und niederländischen ostindischen Kompagnieen untersucht, wonach die letztere der ersteren £ 80,000 als Entschädigung bezahlte, die Insel Poleroon abtrat und den Nachkommen der im Jahre 1623 in Amboina hingerichteten Engländer einen Ersatz von £ 3600 geben musste.

Dieser Friede verschaffte Cromwell und de Witt Raum, ihr Verwaltungstalent, sowie ihre energische auswärtige Politik in hellem Licht zu zeigen, wenn auch die Erfolge dieser Politik nicht gerade erfreulich waren. Cromwell gelang es die spanisch-habsburgische Macht vollständig zu demütigen, worauf stets sein Streben gerichtet war, aber dabei half er unbewusst einer andern Macht, Frankreich, sich zu einer übermächtigen Stellung in Europa emporzuschwingen. De Witt mit all seinem Talent stützte das alte Prinzip der aristokratischen Herrschaft, welche thatsächlich den Niederlanden keine feste Einigung und dauernde Kraft sicherte. Seine Vernachlässigung des Kriegswesens bei einseitiger Begünstigung des Handels, sowie Neid und Misstrauen zwischen den Provinzen, führte endlich zu jenem unglücklichen Feldzug von 1672 und der darauf folgenden Katastrophe des grossen Ratspensionärs.

So lange Cromwell lebte, waren die Niederlande und England treue Bundesgenossen. Aber mit der Wiedereinsetzung der Stuarts kam es wieder zum Zwiespalt. Karl II. und Jakob II. liessen sich durch Ludwig XIV. schmählich bestechen und verhielten sich feindselig gegen die Niederlande. Jedoch war diese Politik unter dem englischen Volke niemals populär, welches im Gegenteil ein Bündnis mit den Niederlanden gegen Frankreich wünschte. Endlich wurde man in England des unwürdigen Jakob überdrüssig und bot dem Prinzen von Oranien, Wilhelm III., die Krone an. Wilhelm vereinigte die zwei Nationen in ein festes Bündnis, wodurch er den Grundgedanken Cromwells, allerdings in etwas anderem Sinne, durchführte. So schuf er ein mächtiges Hindernis gegen die Uebermacht Frankreichs, welcher der grosse Protektor selbst zum Aufschwung geholfen hatte. Nach dem Tode Wilhelms III. wurde das feste Bündnis noch eine Zeitlang in thätiger Weise zwischen den beiden Staaten aufrechterhalten. Das gute Verhältnis überhaupt dauerte ununterbrochen bis 1780 fort.

Indessen gerieten aber die Niederlande nach und nach in Verfall, wozu der unselige Parteizwist, welcher ein Hemmnis jeder energischen Politik, viel beitrug. Dagegen nahm England einen raschen und gesunden Aufschwung, überflügelte bald die Niederlande, zog deren Welthandel an sich, und raubte ihnen ihre Kolonialbesitzungen. Aber trotzdem hatten die Engländer immer das grösste Interesse an den Niederlanden. So war es während des napoleonischen Kriegs immer das eifrige Bestreben Englands, dieses Land gegen Frankreich zu behaupten Es war auch die englische Regierung, welche nach dem Sturze Napoleons am eifrigsten die Vergrösserung der Niederlande betrieb.

Blicken wir noch einen Augenblick auf die Koalition zurück, so finden wir, wie unmöglich es war, dieselbe durchzuführen. Die vereinigten Niederlande selbst bildeten keinen festgeschlossenen Staat, sondern nur einen Bundesstaat. Der erste Artikel der Utrechter Union bestimmt keine Verschmelzung der Souveränität der Provinzen¹). Die Deputierten jeder Provinz in den Generalstaaten konnten nichts ohne die Uebereinstimmung und den Auftrag der provinziellen Stände, von denen sie geschickt wurden, beschliessen, und in gleicher Weise waren die Mitglieder der Stände den einzelnen städtischen Versammlungen, die sie repräsentierten, untergeordnet. In dem Kampfe zwischen der oranischen und der aristokratischen Partei handelt es sich eben um diesen Punkt; jene strebte nach der Ueberlegenheit der Generalstaaten über die provinziellen Stände, diese hielt an der historisch begründeten Theorie des Hoheitsrechtes der einzelnen Provinzen fest.

Ich kann nicht feststellen, welche Macht die Urheber der Koalitionsidee der Oberbehörde des koalisierten Staates geben wollten, ob sie diese nach dem Muster des englischen Staatsrats oder nach dem der Generalstaaten bilden wollten, obgleich die Wahrscheinlichkeit mehr für das erstere ist. Zwar ist auf der Urkunde diese Oberbehörde als Souverän bezeichnet, aber so wurden auch die Generalstaaten nach aussen genannt. Was Cromwell selbst betrifft, so wollte er natürlich die leitende Rolle in diesem koalisierten Staate spielen, und es liegt die Vermutung nahe, dass er diesen nicht mit solcher beschränkten Macht, wie die Generalstaaten damals besassen, bekleiden würde. Aber das hätte die Niederländer genötigt, mit der englischen Nation in ein engeres Verhältnis zu treten, als sie unter sich selbst hatten.

Andererseits, wenn wir selbst annehmen würden, dass die Oberbehörde der koalisierten Staaten keine grössere Macht erhalten sollte als die Generalstaaten in den Niederlanden, so vermindert dieser Umstand die Schwierigkeit der Durchführung der Idee nicht wesentlich. Denn die sieben Provinzen hätten alsdann naturgemäss geringere Bedeutung bekommen, als sie in der niederländischen Republik damals besassen. Vor allem musste dieses Gefühl für Holland am

---

1) *A. Kluit*, Historie der Hollandsche Staatsregering. Amsterdam 1802, Bd. I S 172, 183, 184, 187, 188, 196. — *E. Meteren*, L'Histoire des Pays-Bas. Haag 1618, S. 170. — *Bilderdijk*, Geschiednis des Vaterlandes. Amsterdam 1835, Band VII, S. 5—6.

empfindlichsten sein, welches mit grösster Mühe den überwiegenden Einfluss errungen hatte.

Ueberdies hatte die Koalition für die den Engländern am freundlichsten gesinnten Aristokraten eine unerträgliche Bedingung. Der eigentliche Zweck der Koalition ist namentlich den koalisierten Staat in den Mittelpunkt eines grossen europäischen Kampfes zu stellen. Und das wollte die aristokratische Partei eben gar nicht, denn ihr Grundsatz war der Friede, und den zu erlangen hat sie stets gestrebt. Der kriegerische Geist war mehr unter der oranischen Partei verbreitet, aber es ist selbstverständlich, dass diese überhaupt mit der englischen Republik sich nicht verständigen, viel weniger die Koalition annehmen wollte.

Cromwell und die englischen Puritaner verstanden diese Beziehungen gar zu wenig. Sie glaubten, dass die zwei niederländischen Parteien um Freiheit oder Absolutismus kämpften. Sie wussten nicht, dass das Band der Interessen und der Stammverwandtschaft, welches zwei oder mehrere Völkergruppen vereinigen kann, zwischen Engländern und Niederländern doch nicht eng genug war. Sie ahnten nicht, dass das Nationalgefühl der zu partikularistischer Lebensart besonders beanlagten Niederländer durch einen solchen Vorschlag verletzt werden würde. Dies mussten sie erst allmählich kennen lernen.

Cromwell hätte den Niederländern gern alle Rechte und Privilegien gewährt, wenn dieselben nur die Koalition annehmen würden; denn die Durchführung einer derartigen Einheit fordert gleichzeitig von den lokalen Interessen bedeutende Opfer. Aber sobald der Lord-Protektor auf diese Idee zu verzichten sich genötigt sah, strebte er alles, was speziell im Interesse seiner Nation lag, sich zu sichern, damit die Engländer mit den Niederländern erfolgreich rivalisieren könnten. Das ist nun einmal die berechtigte Selbstsucht jeder grossen Nation, die zu selbständigen Wirken berufen ist.